DRUGO IZDANJE

RAD

Beograd, 2013

Prljavi Inspektor Blaža
Blaža u Beogradu

Lektura i korektura: Igor Blažević
Tehnički urednik: Andrijana Milojević-Vrandečić
Dizajn korica: Andrijana Milojević-Vrandečić
Fotograf: Branko Starčević

Copyright © RAD, 2012

Izdavačko preduzeće RAD a.d.

Ova publikacija u celini ili u delovima ne sme se umnožavati, preštampavati ili prenositi u bilo kojoj formi ili bilo kojim sredstvom bez dozvole autora ili izdavača niti može biti na bilo koji drugi način ili bilo kojim drugim sredstvom distribuirana ili umnožavana bez odobrenja izdavača.
Sva prava za objavljivanje ove knjige zadržava autor i izdavač po odredbama Zakona o autorskim pravima.

Prljavi Inspektor Blaža

Blaža u Beogradu
vodič kroz Singidunum

DRUGO IZDANJE

Beograd, 2013

Predgovor ili recenzija?

Kad me je P. I. Blaža dva dana (!) pre štampanja svoje knjige zamolio da mu napišem „nešto kao recenziju", štrecnuo sam se jer sam shvatio da ću to što je napisao morati prvo na brzinu da pročitam! Ali, nisam mogao da ga odbijem. Šta ću, drag mi je, znamo se toliko godina i spada među najpozitivnije ludake koje sam ikad sreo. Osim toga, kad sam ga svojevremeno pozvao kao gosta u moju emisiju „Pozovi M, ili će on tebe", odazvao se, a da ni honorar nije tražio. Što je, recimo, bila greška. Jer ja ću mu za ovo tražiti neke pare. Ako nema keš, nek' da knjige. Jedino ne znam šta ću s njima...

A onda sam pročitao prvih nekoliko BG-pričica. Pa još nekoliko. Pa 'ajde još ove dve, tri, i – stigoh skoro do kraja. Priznajem, uhvatio mi B. negde usput pažnju i to nečim što ima u sebi, a da pri tom niti skače, niti dobacuje, niti podvriskuje onako kako ume i to bez ičeg na sebi. Jer to obilato radi na svojim koncertima.

Velika je privilegija ne morati gledati Blažu na bini kako se u četvrtom minutu, hipnotisan publikom i samom scenom, skida do pola i ne morati slušati ga kako radi ono što on zove pevanjem, a istovremeno osetiti deo njegovog mladog duha i beskrajne energije kroz ono što piše. Jer, on lepo piše. Lagano, lepršavo, vedro, nostalgično, duhovito, sa poentom... Pošto smo ista generacija, na neki jednostavan, pitak način me podsetio na mladost, na neki Beograd koga (nije ni čudo) više nema, pa me čak po nekim detaljima podsetio i na malo nervozniju varijantu Mome Kapora, Bože me oprosti poređenja!

Sve u svemu, drago mi je da će iza Blaže ostati i nešto ovako, i voleo bih da po tome bude zapamćeniji nego po nekom tamo refrenskom uskliku „Duuule Savić!".

Zato pevaj, Blažo, igraj, skači, odeću svlači, ali čim ti bude malo bolje – piši.

Kad ti to već ide od ruke!

Dragoljub Ljubičić Mićko
po zanimanju: zanima ga puno toga

ZAHVALNICA ili nešto slično...

Bez ovih ljudi ova knjiga ne bi ugledala svetlost štamparije. Oni su imenom, nadimkom, a neki i prezimenom: Nenad Ah Neša Mandić, Ivana R.B., Andrijana M.V., Aki, Nebojša Nikolić, Zoran Šebez, Dragoljub Ljubičić Mićko, Vlada Đurđić, Klint Istvud, profesor Čakara, moja mama Milanka, moj brat Viktor, tetka Desa, Kit Ričards, Duško Radović, Marlon Brando, Gaj Julije Cezar, Sigmund Frojd, Mile Lojpur, Arigo Saki, Zoran Radmilović, Branko Starčević, Aleksa Šantić i mnogi drugi koji su pomenuti u knjizi.

Stranci u Beogradu
*Prvo što mi pada na pamet u vezi
sa Beogradom jesu stranci.*

Svrstao sam strance u nekoliko podgrupa. Možda to blesavo zvuči, ali mislim da mogu da objasnim.

A) **Stranac je brucoš** bilo kog fakulteta, koji je došao iz bilo kog grada Srbije. Brucoškinje su najlepši cvetovi naših fakulteta. Kruševljanke, Užičanke, Čačanke... da ne nabrajam dalje – ne zna se koje su divnije. Studenti muškog roda mogu da popiju za trojicu i Beograđanima zadaju domaći alkoholni zadatak. Ovi „stranci" se vrlo brzo asimiliraju i tako postaju pravi Beograđani.

B) **Stranac iz Crne Gore** brzo se uklapa u naš glavni grad, jer tu mu je već pola rodbine i prijatelja. Crnogorke brucoškinje su ljepotice, a Crnogorci momci kršni. Studiraju dugo i studiozno. U zavičaj idu sve ređe i na kraju ostaju da žive u Beogradu. Vremenom i oni postaju Beograđani.

C) **Stranci iz Kine** su treći primer. Oni dolaze ovde da prodaju robu iz svoje zemlje. Rade i kao kuvari u kineskim restoranima. Drže se zajedno i brzo uče naš jezik. Posle početne netrpeljivosti od strane Beograđana, postali su sastavni deo grada. Ne zna se još pouzdano da li ostaju da žive u Beogradu ili se vraćaju u svoju mnogoljudnu zemlju. Ne zna se ni pouzdano da li u Beogradu jedu pse.

D) **Stranci koji dolaze** zbog poslovnih obaveza. Diplomate, biznismeni, bankari... nikada ne postanu Beograđani. Niti ih zanima. Došli su zbog biznisa i zarada je njihov interes. Znaju gde je Kalemegdan i gde se najbolje jede i koji su najbolji splavovi. Uvek će nositi Beograd u srcu.

E) Peta grupa su **stranci prolaznici**. Dolaze na Beer Fest, za Novu godinu, a bogami i da bi videli Beograd. Bude tu Škota, Engleza, Italijana, Nemaca, Slovenaca i ostalih. Sviđa im se naše pivo i Beograđanke, a najviše što je jeftinije nego kod njih. Nama je svejedno, jer nama je skupo.

G) **Beograđani iz tuđine**. Većinom omladina, koja je devedesetih otišla „trbuhom za kruhom". Dobili su pasoše u novim domovinama, ali i dalje se osećaju stanovnicima Beograda. Kada dođu na mesec dana (što se nas tiče, u najnezgodnije vreme), nerviraju se što nam je prljav grad, što ljudi nisu nasmejani, zbog javašluka na šalterima, zbog haosa u saobraćaju. Njihova deca imaju dvojno državljanstvo, ali njima je svejedno. Bake i deke ih ubeđuju da nije svejedno.

H) Poslednja grupa su **Beograđani**, koji su postali stranci u svom gradu. Fini i skromni ljudi postali su tranzicioni višak i u firmi i u gradu. Retko ih viđamo i u Knez Mihailovoj i na Terazijama. Kad je lep prolećni dan, izađu da obiđu grad. I kao novopečeni stranci svima se osmehuju.

Jer, znaju da Beograd voli strance!

Sreli se glista i pavijan...
*Svaki Beograđanin je patološki vezan za kraj
u kom je rođen. Moj kraj je Tašmajdan.*

Moja ulica 27. marta poznata je po nekadašnjoj Službi društvenog knjigovodstva ili SDK. U toj ulici su živeli ili još žive: Bora Đorđević, Aca Seltik, Zorica Tomić, a kažu da je i Vlade Divac kupio stan u istoj. Direktan kontakt sa Palilulskom pijacom ulaz broj 20 u mojoj ulici. Kažu da je jedna od najskupljih.

Moja mama zato ide i na Bajlonijevu i na Kalenićevu. Upoređuje cene. Kao i većina mojih vršnjaka, ne idem na pijacu. Moja žena je bila jednom, kad je išla prečicom do Svetogorske.

Palilulska pijaca je šarmantna, a majka najviše hvali ribarnicu i kajmak kod njenog zemljaka. Meni je svejedno. Bitno je da pojedem ono što donese. A i njoj bude drago što je sinčić sit.

Kao i većina iz kraja, išao sam u osnovnu školu „Vuk Karadžić". Tada je bila poznata garnitura profesora: Šaperka istorija, Goša fizičko, Peša matematika, Tadija likovno, a direktor je bio Korica. Bio sam vrlo dobar đak, što je tada bilo ravno dovoljnom u današnje vreme. Imao sam odličnu koncentraciju u školi, ali nikakvu kod kuće. Košarkaši tadašnje reprezentacije Praja, Moka i Kića bili su mi draži od Pitagorine teoreme i Darvinove teorije evolucije.

Petu beogradsku upisao sam iako je moje odeljenje otišlo u Trgovačku školu, u Hilandarskoj. Bilo mi je daleko. Ko će da pešači celom Svetogorskom, da bi stigao do

Radio Beograda i onda prešao Hilandarsku i ušao u školu. Bezveze, zar ne? Viša ekonomska bila je moj sledeći izbor. Da sam se držao pravca kretanja, završio bih Mašinski fakultet. Ali, tolika budala nisam.

Viša poslovna (sadašnji naziv) idealna je škola za zgubidane kao što sam ja. U tom periodu istraživanje kraja bilo je intenzivno. Paliluska kasina u ulici Majora Ilića, takođe na obodu Palilulske pijace bila je savršeno mesto za ispijanje piva. Karirani stolnjaci i miris iz kuhinje, teško se zaboravljaju. Bole, Bogdan, Pigi, Mima, Đoka, Žika i Dado, mogu da vam potvrde priču. Mada, sad su u tuđini. Početkom devedesetih, krenuli su u bolji život – u Južnu Afriku, Australiju, na Novi Zeland. Mislim, da l' su mogli dalje da odu?

Tašmajdan je bio idealan za gubljenje vremena. Bazen, „Poslednja šansa" i park imali su kultni status. Crkva Svetog Marka stajala je tu stotinama godina, ali neki iz kraja su je primetili tek početkom devedesetih. Mislim na one koji su garantovano imali Titovu sliku do poslednjeg dana. Titovog, naravno. Tašmajdanski bazen pamtim i po tome što sam prvi put skočio sa deset metara. Mnogi kažu da nikad nisu videli takav skok. Tvrde da sam pao direktno na leđa. Sećam se samo hitne pomoći i sirene. Dan danas kad skačem u vodu, zabole me leđa. Strah od letenja, valjda.

Pre, posle i za vreme časova, išli smo na sok u „Poslednju šansu". I sada svako leto sedim u bašti. Lica su ista, samo malo pohabana. Baš skoro mi je prišao drug iz Pete. Viče: „Gde si, Glisto?" A ja njemu: „Jesi li to ti, Pavijane?" Smejali smo se k'o ludi, jer smo shvatili da su nam u školi svi nadimci bili životinjski. Imali smo i Pacova, Mungosa, Zvečarku, Žirafu. Čak i Mamuta.

Prst kneza Mihaila
Knez Mihailova je ključna ulica u Beogradu.
Proteže se od palate Albanija pa sve do Kalemegdana.

Tu se prodaje roba za svačiji ukus. Od ekskluzivne garderobe do pečenog kestenja. Moja žena obično kupuje ovo prvo, a ja ovo drugo. Svako prema svojim potrebama – govorili su socijalisti.

Iako sam stanovao na deset minuta od Kneza, u tinejdžerskim danima nisam špartao tom štraftom. Uvek sam se zaustavljao kod „Šumatovca", legendarne kafane iz '70 i '80 godina. Tu sam popio prvu čašu piva. I zaspao usred vica koga sam pričao drugarima. I dan danas tvrde da je to najbolji vic koji sam ikada pokušao da ispričam.

Mnogo kasnije, Knez Mihailovu počinjem da obilazim uzduž i popreko. Obilazak se završavao u prodavnici „Elektrotehna". To je bila jedna od retkih radnji gde su mladi mogli da kupe nove ploče i kasete. Za prodavce svaki album na engleskom bio je naučna fantastika. Prema urbanoj legendi neko je zatražio album grupe The Police. Prodavačica je rekla da tu ploču nemaju. Kupac je shvatio šta se dešava i ponovio ali „po srpski" – kao što piše na omotu: „Da li imate Police?" Žena je 'ladno odgovorila: „Police, komode i kredenci su vam na prvom spratu".

Knez se tih godina praznio oko deset, a oko jedanaest uveče nikoga nije bilo. Noćni provod nastavljao se u par diskoteka u koje su išli popularni fudbaleri iz tog vremena, estradne zvezde i lepe devojke o kojima su kružile razne pričice.

Poslednjih godina u Knezu je gužva i posle ponoći. Obožavam tu ulicu jer srećem draga lica koja sam izgubio iz vida. Skoro sam sreo devojku, koju nisam video dvadeset godina. Imali smo strasnu vezu... jedne noći. Samo, ona više nije devojka. Ona je dečko. Pošto me je zagrlio i poljubio skoro u usta, jedva sam upitao: „Šta to bi, Aleksandra?". Rekao je glasom ala Ljuba Tadić: „Nisam više Aleksandra. Sad sam Aleks". Posle kraćeg razgovora uhvatio me je za ruku i nežno rekao: „Nikad neću zaboraviti ono veče". Ni ja, pomislio sam dok sam žurio kući da se istuširam. Sa hipermanganom.

U Knezu redovno kupujem piratske DVD i Div-X filmove. U svakom prolazu postoje prodavci sa izvanrednim izborom. Napravio sam kobnu grešku i ženi kupio sve epizode serija „Seks i grad" i „Očajne domaćice". Nisam gledao nijednu od poslednjih utakmica Lige šampiona, jer mi ne daju Sarah Jessica Parker i Eva Longoria.

Što sam stariji, sve više boravim u Knez Mihailovoj. Maturantkinje, studentkinje, japi devojke, butikašice, sponzoruše, tetke u najboljim godinama, sve su tu. Šetam sa mojim kumom i samo ćutimo k'o zaliveni. Čuje se kako gutamo knedle. Kao robot, kum posle svake šetnje kaže istu rečenicu: „Ej, živote, lutalico."

Onda sednemo na pivo, u kafić koji gleda na spomenik. A, knez Mihailo na konju kao da upire prstom i kaže nama muškarcima: „Kad to popijete pravac kući. Kod svojih žena!".

Rock'n'roll tetkica
Sedamdesetih je Studentski kulturni centar bio glavno mesto u Beogradu u kome je promovisan novi talas i punk.

Omladina rođena šezdeset i neke, imala je mogućnost da u SKC-u čuje nove domaće izvođače. Željni novog, mladi upijaju svaki zvuk. Prvo što sam gledao u tom prostoru bio je nastup prve punk grupe „Košmar". Za bubnjevima Vlada, gitara Nikola, a solo gitaru svirao je Srđan. Bilo je ludo i nezaboravno. Urednici programa u to vreme bili su Momčilo Rajin i Nebojša Pajkić. Njihova je zasluga što su mnoge večeri još u glavama očevidaca.

Moj prvi poljubac desio se u holu tog objekta. Tetkica koja je tu radila tražila mi je šibicu. Kad se primicala da joj pripalim, spotakla se i pala preko mene. Od iznenađenja u padu je otvorila usta i njen jezik je dodirnuo moje usne. Kad sam se iskobeljao, primetio sam da ima veće brkove od mojih. Pošto je zapalila pljugu, otišla je da očisti WC.

Moj najbolji drug Bole samo je dobacio: „Vau, rock'n'roll!" Bašta SKC-a tih godina i kad nije bilo svirki, bila je mesto okupljanja beogradske mladeži. Kao prava, velika žurka. I uvek su bile neverovatne gužve. Kada dođeš sa ekipom, zauzmeš poziciju i odatle ne mrdaš do kraja večeri. Pijuckalo se jedno piće do kraja druženja. Onda, pravac kući. Izlaz je trajao najkasnije do 23.00.

Od koncerata još pamtim jedan od nastupa Električnog orgazma. Sticajem okolnosti, na tu svirku došao sam bez društva. Pored mene je bila debela devojka, koja mi se prilepila na trećoj pesmi i odmah počela da se trlja uz mene. Bilo mi je neprijatno, ali sam ćutao jer je izgledala mnogo jača od mene. Za vreme desete pesme – a bila je to „Debela devojka" – okrenula me je prema sebi i stavila moje ruke na njene grudi. Nikada, ni pre ni posle, nisam dirao ništa veće. Nijedna dinja, karfiol, kupus, lubenica ne mogu da se porede sa tim. Posle toga, otišla je napred ka bini i nestala u masi. Otada, na koncerte ne idem sam.

SKC je i naredne decenije bio kultno mesto. Tokom devedesetih, pored koncerata novih srpskih rock bendova, postaje poznat i po čuvenim štandovima sa kasetama i diskovima. Kao i mnogi, prodavao sam ploče iz kolekcije. Taj novac najčešće sam trošio na kupovinu diskova, na tom istom mestu. Sad čekam novu krizu da rasprodam diskove i opet zaradim nešto para. Bitno je da se obrće.

Imao sam zadovoljstvo da više puta nastupim u tom prostoru, sa mojim „Kljunovima". Rasprodali smo desetak koncerata u periodu od 1994. do 2002. godine. Dobre vibracije svečane sale i bašte SKC-a, dale su mi elan za neke od najboljih nastupa u karijeri. A, pre mene na toj istoj bini, stajali su Džoni Štulić, Milan Mladenović, Darko Rundek, pa čak i Johnny Depp. Da se naježiš.

Poslednji put bio sam u SKC-u pre par dana, jer me je stisla nužda. I to je jedna od prednosti ove ustanove. Usput je ako idete od Slavije prema Terazijama. A, kakvih WC-a sve ima po Beogradu, ovaj je još i dobar. Kad ste u prolazu svratite i vi. Ako imate sreće, možete da naletite na dobru izložbu. Ili na tetkicu.

Roka i mlado i staro
Beograd za Novu godinu dobija poseban sjaj. Najviše zbog kićenja Ulice kneza Miloša kao i Knez Mihailove.

Svetlucava rasveta zavarava nas da živimo u srećnoj zemlji. U takvoj zemlji, red je da se nemilice troši novac. Žene kupuju sve (i svašta), a deca dobijaju i više nego što zaslužuju. Moju suprugu i ne viđam poslednja tri dana decembra, samo primećujem nove čizme u predsoblju. Posle tvrdi da su bile na rasprodaji i da nije mogla da odoli. Onda je te čizme žuljaju i u januaru kupi neke skuplje.

Druga stvar pred Novu godinu, koja je više nego primetna u Beogradu manjak je jelki na Topčideru i Košutnjaku. Lokalni prodavci iščupaju pola šume. Prošle godine sam po busenu našao mesto odakle su iščupali jelku koju sam kupio. Vratio sam je nazad, da mogu da mi je prodaju i ove godine. Ovih dana po Zelenom vencu tragam za prodavcem moje jelke. Naći ću ga sigurno, ne brinem.

Slovenci i Slovenke opsedaju naš grad. Slušam stalno kako im je lepo u Beogradu i kako se ludo provode. Sve im se sviđa, a najviše ih oduševljava naša gostoljubivost. Imaju sreće da ne dolaze na naše fudbalske utakmice, pa da se uvere kakvi smo, u stvari, domaćini.

Volim Novu godinu. Mama spremi sarmu, prebranac, pečeno prase, rusku salatu, pogaču i onda to jedem sedam dana. Sedmi dan mi je muka od svega, ali eto Božića i majka vrši još jednu diverziju na moj stomak. Osmog dana imam pet kila više nego 31. decembra.

U tom periodu pretvaram se u bengalskog tigra, koji traži svoj plen. Svakih pola sata otvaram frižider ili rernu. Prase me tužno gleda, ali zna da mu nema spasa. Tigar Blaža napada i otkida komad po komad. Tada shvatam da samo svinja Srbiju spasava.

Na trgovima za doček Nove godine nastupaju razni muzičari. Gužva je velika, a omladina je naoružana kao za rat u Iraku. Pored šlema, obavezna je vata za uši. Petarda pukne svake sekunde. Ako imate psa, nemojte da ga vodite u centar grada. Osim ako nemate psihijatra za svog ljubimca. Moj pas kad čuje petardu obično pokušava da skoči na luster. Od kad je shvatio da ne može, krije se ispod sudopere. Izlazi oko 14. januara. Zovemo ga Super Mario, po vodoinstalateru iz poznate igrice.

Novi Beograd je najnesigurniji deo grada, kada otkuca ponoć. Rafalne paljbe sastavni su deo dočeka. Roka i mlado i staro! Kada isprazne šaržere, vraćaju oružje u ormare. Imaju još municije, ali treba to rasporediti. Božić samo što nije...

Poslednjih godina gledam i bečki koncert tačno u podne. Verovatno me drma kriza srednjih godina. Kad sam bio mlađi najviše me je nerviralo, kada mama i tata odvrnu TV sa koga grmi Strauss. A, ja leg'o da spavam u pola sedam ujutro.

Ali, šta ćeš, svi kažu da je lepše sa kulturom.

Želudac bez dna
Beograđani kao i svi u Srbiji, jedva čekaju Novu godinu.
Pre svega, jer se ne radi...

Prvih dana januara pojedem više nego za ceo februar. Kao – ima opravdanja, a nema kočnica.

Popiju se desetine litara piva, rakije, vina, sokova, a neko pije i vodu. Doduše, voda se pije najčešće ujutro, kad organizam traži da se ugasi vatra u jetri. Pet-šest puta na dan punim tanjir i mljackam dok gledam TV.

Svake godine televizijske stanice za novogodišnje praznike nadmaše sebe. Programi su sve bedniji. Šta čovek da gleda? Da li urednici uopšte gledaju to što serviraju? Zašto uopšte plaćam pretplatu? I zašto uopšte plaćam kablovsku? Zašto moj Discovery nema prevod, a kumov Discovery ima? Alo, provajderu!

Period posle dočeka Nove godine u Beogradu isti je već godinama. Omladina spava 1. januara do reprize. Stariji obično odšetaju do grada. Ulica Svetogorska postane „Ulica otvorenog srca". Glumci ispred Ateljea recituju i pevaju. Atmosfera je praznična. Redovno dolazim, pijem kuvano vino, pričam sa znanima i neznanima. Prošle godine mi je čak jedna starija gospođa tražila broj telefona. Rekla mi je da je podsećam na njenog pokojnog muža i da bi volela povremeno da me zivka. Kad mi je pokazala sliku pokojnika, bilo mi je milo. Gospodin – lep k'o upisan.

Mobilni telefon i internet ubili su čar slanja novogodišnjih najlepših želja putem pošte. Umesto Deda Mraza, irvasa i lepih jelki na poštanskim čestitkama, dobijamo skoro bezlično pisanije. A SMS može da bude vrlo opasan. Pre par godina, moja bivša devojka sa fakulteta poslala mi je poruku: „Bio si moj konj, a ja tvoja ždrebica. Nikad neću zaboraviti kako si se propinjao. Srećna Nova godina, najveći pastuvu sa mojih pašnjaka!". Sve bi to bilo u redu, da poruku nije pročitala i moja žena. Otada mi tepa – „Konjino".

Božić je lepa prilika da se okupi familija. Rasuti po gradu, roditelji i deca se najzad okupe.

Kao i većina oženjenih, idem na dva ručka. Prvo kod majke, pa kod tašte. Krkanje se nastavlja. Posle dvostrukog desanta na želudac, prilegnem. Kad mamina sarma sretne taštino prase, skačem i odlazim do toaleta. Grmljavina koju pravim, ravna je vazdušnom udaru koji se čuo pri napadu na Straževicu za vreme bombardovanja.

Beograd je posle praznika tih. Građani se do posla vuku, umorno teturaju. Očekivali su nešto posebno, a ništa se bitno nije desilo. Osim što je još jedna godina otišla u nepovrat. Nova godina dolazi s razlogom i uvek na vreme. Kao u pesmi grupe U škripcu: „Nove godine u pravi čas za nas!"

Vozi dalje, Taksisto!
Uvek sam voleo da idem u Dom omladine,
ali kako me godine stižu, sve sam bliži Domu penzionera.

Teško je nabrojati sve događaje koji su se održali u Domu omladine. Svako sa svojim sećanjima.

Pošto baš volim da se pitam, nikada neću da zaboravim koncert Azre, osamdesetih. Nikada neću da zaboravim i jednu od prvih postavki predstave „Maratonci trče počasni krug". Urnebesan doživljaj! Igrali su je nepoznati glumci i to u holu ispred bioskopa. Na onom mestu gde su poslednjih godina bili stolovi za bilijar.

Takođe, pamtim i svirke tada poznatog klupskog benda Mama Ko Ko sa vokalnim solistom Dušanom Prelevićem. Nezaboravni događaji bili su i smehotresni nastupi amaterskog pozorišta „Rastibuđilizovanih klebezabli".

Tih godina, bio sam redovan posetilac Doma omladine. Nosio sam vijetnamku i burazerove vojničke čizme. Redari su me zvali Taksista – zbog oblačenja ličio sam na De Nira iz kultnog filma.

Devojku sa kojom sam se zabavljao zvali su Crvenkapa, zbog bujne crvene kose. Bila je puna života i ludo zabavna. Posle mecec dana zabavljanja dala mi je korpu i smuvala se sa jednim od redara. Korpu i danas čuvam kao uspomenu. Poslednji put video sam je prošle godine, na koncertu Stonesa. Sada izgleda kao vuk maskiran u baku, iz bajke o Crvenkapi. Ima velike oči, velike uši i velike zube. Sa njom je bio i bivši redar, verovatno u svojstvu muža, a ne lovca. Mahnula mi je iz gužve, a on me je samo odmerio, kao da kaže: „Vozi dalje, Taksisto!".

DOB je i devedesetih godina održavao visok nivo ponude. Kultni inostrani izvođači rocka, jazza, funka, bluesa, punka, a bogami i countryja imali su sjajne koncerte pred zahvalnom publikom. Naravno, i domaća scena imala je mesto da pokaže mogućnosti. Tu sam i upoznao moju suprugu. Sa drugaricom je bila na jednoj od svirki. Kad sam je video, noge su mi se odsekle. To je valjda onaj trenutak, kada čovek zna da je našao ženu svog života. Kaže da nije ništa osetila kad me je videla. Samo joj je bilo smešno što blenem u nju k'o tele u šarena vrata.

Posle sam shvatio, da svi muškarci tako gledaju buduće supruge. Jer, to je normalan tok odrastanja zaljubljenog mužjaka. Od teleta do vola. U novom veku DOB sam posećivao zbog letnje bašte, sa pogledom na Makedonsku ulicu. Naručim kafu i onda gledam u prolaznike ili bolje rečeno prolaznice. Najbolji štos je što je većina gostiju kao ja. Sredovečni muškarci željni gledanja napupele mladosti u prolazu.

Sećam se jednom da je konobar pitao ispisnika do mene šta će da popije. On je, onako kontuzovan od gledanja maturantkinja u suknjicama, samo prošaputao: „Pileće batake sa šlagom"...

Švedski sto

Jedno od omiljenih šetališta Beograđana, već godinama je i moja oaza svežeg vazduha.

Pošto živim u centru, odlazak u šetnju pored „25. maja" moja je obaveza prema plućima. Da sve bude još lepše, još neka pluća smucaju se tuda. Naravno da mislim na ženska. Od sveže punoletnih devojčica do dama u najboljim godinama. Moglo bi da se kaže – pravi „švedski sto". Od predjela do glavnog jela.

Poslednjih godinu dana, moje hodanje pored „25. maja" sve je učestalije. Razlog je moj pas koji uživa da džogira pored reke. Sve bi to bilo u redu, da sam u kondiciji kao pre deset godina. Međutim, sad mi je dovoljno deset minuta brzog hoda, pa da zavapim za bocom sa kiseonikom. Moj ker to ne razume i forsira me kao da se pripremam za Olimpijadu. To me je i dovelo u neprijatnu situaciju prošlog leta.

Naime, dok sam trčao za psom, toliko sam se zadihao da sam zvučao kao Darth Vader iz „Ratova zvezda". Jedna gospođa mi je prišla i pošto je videla da sam na ivici infarkta, položila me je na beton i dala mi veštačko disanje. Gospođa je imala oko 70 godina i ličila je na majku Normana Batesa iz „Psiha". Onu što je bila preparirana. Ipak, da ne grešim dušu, vratila me je u život. A i nije se ljubila loše za svoje godine.

Najlepše mi je kad sednem na klupu i buljim u reku. Tad se osećam kao Gandhi. Pre atentata, naravno. Još jedna prednost „25. maja" u letnjem periodu je vožnja biciklom. Ako vozite stazom, stižete skroz do Ade. Ta tura za nepripremljene uopšte nije naivna. Jer, lako je stići do Ade Ciganlije, ali čovek bi trebalo da se i vrati nazad. Obavezna oprema je voda za piće, naočare za sunce i kačket za glavu. Za one gojaznije i aparat za merenje pritiska. Ili još bolje – lični doca.

Pošto imam bicikl, ta tura je za mene „Tur de 25. maj". Kriza me hvata oko „Stenke", ali do Ade izdržim bez pauze. Onda, odem na Makišku stranu i popijem dva, tri piva. Kad se ošamutim, krećem u krug oko jezera. U proseku, svake godine barem se jednom survam niz šljunak i upadnem u vodu. Onda me spasioci izvuku i daju veštačko disanje. Sve u svemu, nema osobe sa kojom nisam razmenjivao pljuvačne sokove u tom delu regiona.

U zimskom periodu, sve zavisi od vremenske prognoze. Kada je ispod nule, šetača praktično nema. Omladina se zavuče u neki kafić, a stariji jedu ribu na nekom brodu.

Priznajem da od oktobra nisam bio u šetnji. Psa odvedem do Tašmajdana u redovno obavljanje male i velike nužde. Tu srećem i poznanike sa „25. maja". Kažu da jedva čekaju da stigne proleće, pa da krenu u tom pravcu. I ja, i ja. Zbog pluća, naravno. A, i „švedski sto" je svake godine sve bolji.

Bitka za veliko platno
*Privatizovanje bioskopa u glavnom gradu sve
filmofile dovelo je u nedoumicu: da li će bioskopi
u Srbiji da opstanu?*

Pošto sam jedan od tih posvećenika sedme umetnosti, pravi beogradski filmofil, uplašen sam i iskreno se brinem za naše bioskope. A kad se čovek (i u tu kategoriju spadam!) plaši, onda mu ceo život prođe kroz glavu. Ili tako nešto...

Prva sećanja na bioskop vezana su za osnovnu školu – organizovani odlazak na „Bitku na Neretvi". Navijanje za naše protiv njihovih ne mogu da ponove ni današnji fudbalski navijači. Kad je poginuo simpatični mitraljezac, koga je tumačio Ljubiša Samardžić, bio sam u takvom šoku da sam danima odbijao hranu. Srećom, tata me je odveo na jedan špageti vestern, pa sam tek tako zaboravio partizanskog heroja. U špageti vesternu, legendarni Giuliano Gemma sve negativce likvidirao je bez pardona. Bio je besmrtan. Najzad sam našao novog idola, koji ne gine od dušmanske ruke.

Nekada davno... najčešće sam išao u „20. oktobar" i Dom sindikata. Pre svega, zbog filmskih žanrova, koja su ta dva bioskopa forsirala. Prvi je bio poznat po akcionim filmovima od kung-fua do kaubojaca, a drugi zbog erotskih komedija.

Posle kauboja, indijanaca, partizana i nacista, došao sam do ključnog celuloidnog događaja. Švedski film „Hopa cupa u krevetu" promenio mi je život. Zamislite: ja tinejdžer, a na celom velikom platnu gole ženske grudi!

Sigurno sam se osećao kao kosmonauti tokom prvog sletanja na Mesec. Mali Armstrongov korak bio je veliki za čovečanstvo, ali to veliko platno Doma sindikata bilo je taman za moje oči. Posle predstave od 14.00, drug Bojan i ja kupili smo karte i za projekciju od 16.00. Tu drugu projekciju gledali smo mnogo opuštenije. Dobacivali smo prisutnima u sali i najavljivali golotinju. Dok nas redar nije izbacio iz sale. Onda smo obojica plakali, kao što i dan danas plačemo kad gledamo prljavog Harryja koji ubija Škorpiona posle legendarne rečenice: „Do you feel lucky, punk?"

Kasnije, postajem redovni posetilac Kinoteke kao obožavalac Hitchcocka, Johna Forda i Clinta Eastwooda.

U Kinoteci mi se desio i bizarni događaj, kada je tip do mene stavio svoju ruku na moje koleno. Posle „Šta radiš, čoveče?", odgovorio je: „Vežbam za novi film. Dobio sam ulogu homoseksualca." Pustio sam ga da mi još malo greje koleno, a onda sam prešao u drugi red. Iako nikada nisam saznao o kom je filmu reč, tešio sam se da sam doprineo sedmoj umetnosti jednim kolenom.

Kad sam sazreo, postao sam redovni posetilac Festa, ali i svih bioskopa u centru grada. Fest je za mene uvek bio Dom sindikata, nikad Sava centar. Stajanje na vetrometini kod Bezistana i čekanje otvaranja blagajne od ponoći do sedam ujutro, sećanje je na iskrenu posvećenost filmskoj umetnosti. Današnja lakoća piraterisanja filmova sa interneta i kupovina istih u svakom pasažu, zatvara bioskope. To zovem „nepodnošljivom lakoćom zatvaranja".

O multipleksima drugom prilikom...

Tvrđava iskustva
Kada kažem Beograd, mislim na Kalemegdan.
Ali, samo nekoliko puta godišnje.

U proseku, odem dva, tri puta za godinu dana do Kalemegdana i to u letnjem periodu. Posetim Zoološki vrt, a posle svratim na Kalemegdansku terasu. Kafica i to je to. A, nekad je bilo sve drugačije.

Pamtim odličan basket, koji se igrao na Zvezdinim i Partizanovim terenima. I sam sam bio akter mnogih žestokih duela. Igralo se na ispadanje, što znači da se tabalo po rukama i telu samo tako. Kući sam dolazio crven kao bulka. Stariji burazer kad bi me video, samo bi prokomentarisao: „Haug, Džeronimo!"

U to vreme, počela su i prva okupljanja folkera na Kališu povodom emisije „Poselo 202". Basketaši i „obični" građani gledali su ih u čudu. U Beogradu se tada više slušala zabavna muzika (lepa vremena!), kao i novi talas rock'n'roll izvođača. Narod koji sluša narodnu muziku, okupljao se na Kalemegdanu na platou pored Zvezdinog terena. Delovali su kao da nisu iz Beograda, već sa neke druge planete. Iz daljine, izgledali su kao gomila malih nepravilnih krugova. Nešto kao jaja iz filma „Osmi putnik". Iz tih jajašca kasnije su se izlegli turbomonstrumi, koji i dan danas napadaju omladinu. Zato tucite vašu decu, da ne postanu jaja!

Kalemegdan stariji pamte po legendarnim igrankama, na kojima je svirao Mile Lojpur. To je bilo vreme prvih vespi, kožnih jakni, kao i briljantina u kosi. U jednoj od epizoda serije „Grlom u jagode", može da se vidi kako su ta druženja izgledala. Devojke su nosile konjske repove i nisu smele da odbiju da plešu sa udvaračima. Odbijeni bi lupio šamar toj curi, pa bi nastajala opšta tuča. U današnje vreme, nema više takve romantike. Pištolj je zamenio pesnice. Zato već godinama nikog nisam zamolio za ples, osim moju ženu. Znam da će da pristane. A i ako ne pristane – ne smem da joj lupim šljagu. Jer, u našoj kući se zna ko nosi pantalone.

Često sam išao i u opservatorijum. Jednom sam video sve zvezde kad sam se skotrljao niz stepenice. Obožavao sam i mini golf. Mada sam najčešće ostajao poslednji na terenu. Mrak je već padao, kad bi stizao do poslednje rupe. Do danas niko nije oborio moj negativni rekord na stazi broj 7. Na Vojnom muzeju postoji i grafit na kome piše: „Ne postoji rupa koju on nije promašio".

Kalemegdan je veoma zahvalan za ljubavne sastanke. Možete da se sakrijete i da se ljubite do besvesti.

Na četrnaesti rođendan, ispod Pobednika doživeo sam prvi, pravi poljubac. Sa Violetom iz „Starine Novaka". Ponavljala je osmi razred, znači – iskusna. Znali smo se iz kraja. Sačekala me je ispred škole i sunula: „Glisto, hoćemo do Kališa?" Otišli smo pešaka do Tvrđave i seli na zidine. Sećam se da mi je munula jezik, tako da sam se zagrcnuo. Kašljao sam kao Bora Stjepanović u „Ko to tamo peva". Kad sam došao do daha, napala je još žešće. Osećao sam se kao žaba koju guta zmija. Posle par „poljubaca", odskakutao sam kući. Posle je svima pričala da sam šonja. Nije me bilo briga, bitno je bilo da sam naučio da ljubim. Kalemegdan je bio spreman za novog „Pobednika". Mene!

Vrh, brate!
Beograd ne bi bio Beograd da nema žargona.
Osim poznatog otezanja za reči kao što je super
(suuuper) i nemoj da pričaš (neemoj...), imamo šatrovački,
utrovački i podvrste.
Imamo i turcizama i engleštine, ali najviše – šarma.

Čuvena je anegdota sa sahrane beogradske urbane devojke/urbanke. Kada je došla njena drugarica, prvo što je rekla njenom bivšem dečku/frajeru/tipu bilo je „E, sorry!" A, onda i legendarno: „Suuuper ti stoji crnina!"
Priča se da je jedan beogradski desetar, komandu izgovarao: „Juriš, jeebote!" Sećam se da je profesor fizičkog Čakara iz Pete beogradske rekao mom ortaku iz razreda da uradi dvadeset sklekova, a ovaj mu odgovorio: „Ma, libo me". Onda mu je legendarni profesor zveknuo čvrgu i 'ladno dobacio: „Libo i mene, al' timću!"
Prvi specifični beogradski izrazi pojavljuju se krajem šezdesetih i početkom sedamdesetih godina. Neki su nastali u Beogradu, a neke su doneli sa sobom studenti iz unutrašnjosti, a Singidunum ih je prihvatio oberučke. Godinama kasnije imamo paletu reči koje je strancima teško prevesti. Pa, da nabrojim neke koje su mi tokom godina dobacivali na ulici, na bini, ali i u kući – od najrođenijih, preko žene do kumova: mentol, bolid, tenkre, ponekad i fijuk...
Poslednjih godina u Begišu stasavaju potpuno nove generacije. Podelio sam ih u dve grupe.
Prvu sam nazvao „anglo-saksonskom". U njihovom svakodnevnom govoru su stage, make up, event, image, per-

sonality, feed back, styling, fancy, by the way, chill out. Za razliku od njih hip hop izvođači otvaraju potpuno novi lingvistički front. Dovoljno je da se čuje bilo koji album Sunshinea i ovih novih klinaca i sve je jasno. Novi Beograd, Vidikovac, Karaburma, Dorćol – svako naselje ima svoje jezičke heroje. Takozvani utrovački postao je svakodnevni govor. Pošto ne znam nijedan izraz, zamoliću vas da mi pošaljete neke od njih na mail. Unapred zahvalan – ako me razumete.

Nisam neki znalac ni šatrovačkog. I kad pokušam da ga čampri, ne pogodim pravi način izgovaranja. Recimo, godinama sam govorio ladabu umesto dalabu, kao i njacepr umesto canjepr.

Za razliku od omladine i srednje generacije, starije Beograđanke nisu ufurale sleng. Podignu obrve i namršte se kad čuju „vrh, brate". Kao da su imale najbolje profesore i vaspitače. Nisu uspeli da ih iskvare ni partizanski oficiri iz Drugog svetskog rata koji su došli iz Bosne, Crne Gore i Hercegovine. One su ostale svoje. Reči kao bolan i đe ostale su imovina muževljevog zavičaja i njihova deca su pravi Beograđani. Keve mi!

Dovoljna je jedna dlaka
*Ko nije šetao po prolećnom danu po Tašmajdanu,
taj ne zna šta je život. Jer, život nije reka...*

Tašmajdan nema reku, ali uživanje je zagarantovano. Veoma je važan pravac iz koga se dolazi u park zbog šetnje. Jedan način da se dođe je iz Aberdareve ulice, pored zgrade RTS-a. Uzbrdica čini da se čovek zadiše, da udahne smog punim plućima, a kad kroči među krošnje odmah ga zapahne sveži vazduh i vrati ga u normalu. To je u slučaju da taj nije popio koju, onako – s nogu – onda će ta svežina da ga još više ošamuti. U tom slučaju, verovatno će da se surva niz stepenice prema ulazu u RTS. Moj tata je to izveo pre par godina i kući stigao kao Rambo kad je filmu „First blood" skočio sa litice na drvo. Samo, John Rambo je sam ušivao svoje rane, a mom ćaletu ekipa u Urgentnom centru.

Do Tašmajdana se dolazi i pored crkve svetog Marka i preko „malog Taša", sa donje strane. Sve u svemu, kad se uđe u park, nirvana je zagarantovana. Stopiš se sa prirodom i postaješ zimzeleni čovek.

U parku su dva restorana, a to su „Madera" i „Poslednja šansa". Ovaj drugi je uvek bio moj izbor. Prvo kao đak, a posle i kao student, završavao sam u „Šansi". Sada tamo sede moji ispisnici i ispisnice iz tog vremena. Skoro mi je prišla devojka sa kojom sam se zabavljao pre par godina. Dok sam se prisećao kako je bila lepa u to vreme, ugledao sam dete pored nje. Tad sam dobio aritmiju, kakvu ne pamtim od prvog upoznavanja sa taštom. Dečkić je ličio na mene sto posto!!! Pljunuti ja, samo u mini verziji.

Onda mi je dotična rekla: „Čini mi se kao da nikad nisam ni prestala da te viđam". Oblio me znoj, progutao sam knedlu i nekako izustio: „Ako treba ići ću na DNK analizu". Pogledala me je optužujuće i odbrusila: „Ne boj se, ima oca. Sećaš se Gustava?!" E, tu se zagrcnuh od smeha. On je bio najsmešniji lik u gimnaziji, jer je ličio na Gustava iz mađarskog crtanog filma. Već u šesnaestoj je oćelavio i imao je samo jednu dlaku na glavi. Čuvao je tu dlaku kao da će iz nje da izraste prašuma Amazona. Pošto je videla da se smejuljim, moja bivša mi je sasula u lice: „Laza je za tebe misaona imenica! I kao čovek i kao muškarac! Ti si Gustav, infantilni čoveče!"

Posle te tirade, zgrabila je malog mene i otišla. A ja sam nastavio da se cerekam. Iz straha da ću jednom ipak morati da odem na analizu DNK-a. I da ću da saznam da sam otac deteta, a da mi je Gustav odgajio isto.

Drugarice, ljubavnice, veštice
Najveće bogatstvo Beograda nisu rude i minerali. Nisu ni devizne, ni dinarske zalihe. Nije ni naše tradicionalno gostoprimstvo. Najveće bogatstvo su devojke! I njihove majke što ih rađaju.

Singidunumske devojke su za sve ukuse: plavuše, crnke, brinete, riđe, debele, mršave, pegave, prgave, umiljate, nabildovane, silikonke, maljave, podatne, razmažene... Kad ima toliki izbor, muškarac se izgubi.

Bio sam ubeđen da volim niske, a onda sam oženio visoku. Moj kum se ceo život zabavljao sa crnkama, a završio sa plavušom. Bivši drugar se zabavljao sa namćorkama, a sad je sa Markom. Takve su Beograđanke. Nema pravila.

Moj stric je najbolji primer. Oženio je najlepšu devojku sa Dorćola. Sledeće godine su dobili sina Đorđa. Živeli su srećno i složno mnogo godina, sve do jednog prolećnog dana, kada je stric rekao strini da je napušta. Zbog mlađe žene, naravno. Onda mu strina kaže da Đorđe nije njegovo dete. Pošto je stric mislio da ova želi samo da mu napakosti, pokazala mu je sliku njegovog najboljeg druga Milana kad je bio dete. Tad je strika shvatio zašto mali Đole ne liči na njega: „Pobogu, što mi to kažeš tek sad?" – kaže u šoku. Kao prava ostavljena Beograđanka strina mu odgovorila: „Kad misliš onom stvari umesto glavom i treba da znaš!"

Beograđanke volimo kao drugarice, kao ljubavnice i kao veštice. Obično kada nađete sve to u jednoj osobi, onda se i oženite, pa se natenane kajete. Najbolje su devojke koje imaju puno tetkica usedelica koje ostavljaju stanove kad umru. Najgore su one koje nemaju ništa za miraz da daju, a troše kao da žive na francuskom dvoru. Pričao bih o mom slučaju ali ne smem: moja Maria Antoaneta zna da čita, a i da pravi kolače.

Prava Beograđanka uvek drži do sebe. Doterana i namirisana, sa istom strašću kupuje praziluk i gleda premijeru u Pozorištu na Terazijama. Grozi se prljavštine, prostaka, gužve i nervoznih vozača. Najviše voli da ćaska sa prijateljicama. Ne postoji tema iz tabloida, koju nije doktorirala. Baš juče sam sedeo sa mojom komšinicom i njenom drugaricom. Komšinica: „Jeste li čuli da Brad Pitt već godinu dana nije imao seks sa Angelinom? Drugarica: „A ona trudna, sestro slatka..."

Na kraju, za novajlije – savet. Ako dolazite u Beograd, a ne upoznate nijednu Beograđanku, onda je bolje da niste dolazili. To vam je kao da odete u Brazil, a ne upoznate Brazilku. Možda nije dobro poređenje, pošto tamo ima mnogo transvestita. Ali – i to su žene. Valjda...

Glavu gore!
Uvek sam želeo da postanem gradonačelnik Beograda.
Rođen sam za tu funkciju.
Znam sve ulice u glavnom gradu, nazive opština imam u malom prstu, a jednom sam bio i na Bitefu.

Blaža gradonačelnik... Ako me, dragi građani, izaberete za gradonačelnika, otpustiću sve trenutno zaposlene. Šta da radim sa ljudima koje ne poznajem?! Posao će da dobiju moji kumovi i rodbina. Mada, ni njima ništa ne verujem. Većina mi duguje pare po par godina, a na kraju, kad mi vrate, ubrzo ponovo traže zajam. Ali, barem znam gde stanuju.

Dalje, uspostavio bih komunikaciju sa građanima putem interneta.

Zamišljam pitanja penzionera i moje odgovore:

– *Poštovani gradonačelniče, želeo bih da znam kad ću da prestanem da viđam bele miševe u mojoj zgradi?*

Kad budete prestali da pijete.

– *Dragi gradonačelniče, da li je tačno da u skupštini menjaju escajg svake godine?*

Nije tačno. Jedemo prstima, kao i vi.

– *Gradonačelniče, da li i vi slavite Božić?*

Da. Ali, samo na Božić.

Garantujem da ću imati strpljenja za svako pitanje koje postavite, mili građani. Jer, grad je pun ljudi koji su željni da saznaju sve. Nikom neću da uskratim odgovor.

Moći ćete da me zovete i na mobilni i na kućni telefon. Moju ženu ću da zaposlim kao sekretaricu. Pa, ako se bude šuškalo da gradonačelnik spava sa sekretaricom, niko neće da se buni. Takođe, trudiću se da svaki pas u našem gradu ima svog vlasnika. Tako više neće biti lutalica, a svaki vlasnik moraće da pokupi izmet svog ljubimca. Tako ćemo opet moći da koračamo uspravno našim gradom.

Policija će da hapsi one koje prljaju grad na bilo koji način. Neće više biti bacanja kesa kroz prozor, opušaka iz kola i pljuvanja na trotoar. Kazne će biti isključivo novčane, jer Beograđani su kao fudbaleri. Nauče se pameti, tek kad ih opališ po džepu.

Posebnu pažnju posvetio bih sugrađankama. Dekretom bih snizio sve cene za 80 % u tržnim centrima i buticima. Tako bi Beograđanke mogle da kupuju do mile volje. Samim tim, bile bi i manje napete. Muževi bi mogli da gledaju Ligu šampiona na miru.

Kao gradonačelnik, boriću se da više nikad nijedna dečja suza ne kane u Beogradu. Deca su naše najveće blago i neću da dozvolim da se neko igra sa time. Ta mala stvorenja kada porastu, moraju da znaju da se Beograd brinuo o njima. Jer, među njima je budući gradonačelnik. Osim ako mene ne izaberete za doživotnog nosioca te funkcije. A, ja ću vam se već nekako odužiti!

A i vi ste došli, inspektore!

Obožavam da idem u pozorište. Čini mi se kao da prisustvujem magiji. Osim kad sam u poslednjem redu, pa ne čujem pola dijaloga il' monologa – zaboli me glava od naprezanja Eustahijeve trube.

U Atelje 212 idem redovno jer mi je blizu stana. Jedna od omiljenih predstava mi je „Egzibicionista". Briljiraju svi: od Brstine do Voje Brajovića.

Pre mnogo godina, imao sam i čast da budem u čuvenom bifeu Ateljea. Komična dobacivanja između glumaca teško mogu da se prepričaju. Najbolje je da nabavite knjigu Cacija Mihajlovića sa anegdotama koje je popularni Jelenko iz „Radovana Trećeg" zabeležio.

Jednom sam dijalogovao sa legendarnim Zoranom Radmilovićem. Imao sam devetnaest godina i iz nepoznatih razloga ušao sam u „Srpsku kafanu" sa dva druga. Seli smo i naručili dva piva i tri čaše. I onda šok: moj omiljeni glumac sedi za susednim stolom. Zablenuo sam se u „kralja Ibija" i odjednom čujem iznebuha: „Što me gledaš, mali, tim urokljivim očima?!" Uspeo sam da prozborim izvin'te, a legenda mi je uzvratila: „Izvinjavamo!" Posle vatrenog krštenja, sve je bilo lako.

Prilazio sam glumcima na ulici, ćaskao sa njima i pravio se da sam gledao sve njihove predstave. Naravno, najduhovitiji su imali lek za mene.

Na gledanju predstave „Hajde da se igramo" na sceni „Bojan Stupica", doživeo sam novu neočekivanu situaciju. Glumac Dragan Gagi Jovanović pojavljuje se iz poslednjeg reda, izvire iz publike. Uglavnom ga niko ne primeti dok ne stigne do sredine sale. Kada je prolazio pored mene, uz tekst koji je govorio dodao je: „A i vi ste došli, inspektore!" Obično se snađem u tim situacijama, ali iznenađenje je učinilo svoje. Iz grla mi je izašao samo zvuk, nalik na onaj kad verglate da upalite kola, a akumulator prazan. Cela sala se smejala, a Gagi je šeretski nastavio ka sceni, dok sam ja i dalje pokušavao da pustim glas. I uspeo sam... na kraju urnebesnog komada, kada sam kao i većina u sali vikao: „Bravo, bravo!"

Poslednjih godina, pravi sam pozorišni kampanjac. Ponekad, za nedelju dana odgledam tri predstave, a onda ne idem naredna tri meseca u teatar. Priznajem da mi se i ukus izoštrio od dugogodišnjeg posećivanja „dasaka koje život znače". Dosadnije jednostavno prespavam. Desilo mi se da sam na jednom komadu zaspao i probudio se tačno na kraju. Tajming mi je bio izvanredan.

Predlažem vam da odmah odete do najbližeg pozorišta i da kupite kartu za prvu sledeću predstavu. Al' pazite da bude komedija! Mada, iako promašite u izboru barem ćete se naspavati kao čovek.

Travolta s' Moravu

Godinama nisam učesnik noćnog života. Stigle me godine, a i jetra mi slabije dihtuje. Sve što mi je ostalo je da slušam priče mlađih prijatelja i da uzdišem za mladošću. Kao u pesmi Arsena Dedića: „Poklanjala al' si krala i neverna si bila ti, ne suviše mi nisi dala, o mladosti"...

Splavovi su postali ključna mesta noćnog provoda u glavnom gradu. Mladi svet je potpuno prešao na reku, ali ne voze se čamcima već bembarama i mečkama. Muzika, uz koju se veseli na tim mestima, dobar je pokazatelj da je Beograd u stvari jedno veliko selo. Samim tim i provod je u stilu posela. Tu je pevaljka, mnogo ića i pića, kao i dobra šorka posle završetka derneka. Jedino što se na poselu rokaju pesnicama, a na ovim modernim okupljanjima vatrenim oružjem. Kao onaj tekst sa odjavne špice filmova: „Svaka sličnost je slučajna".

Moja generacija je noćni provod počinjala i završavala u legendarnom „Šumatovcu", a par godina kasnije u bašti SKC-a. U to vreme, noćni provod je trajao do 23.00. Ako izađete u osam, dok stignete do odredišta ostaje vam dva i po sata za provod. Tuče su u to vreme bile retke. Sećam se dubokoumnog sukoba koji se verbalno završio ispred ulaza u SKC: Punker hipicima: Gde ste, pudlice? Hipik punkeru: A je l' ti keva krojačica kad imaš toliko zihernadli? Punker hipicima: Smrt hipicima! I ode! I to je bilo to.

Danas kada klinci počnu da dobacuju jedni drugima, sledi nešto nalik na Kosovski boj. To je valjda neki duh predaka koji tinja u omladini. Udari junak na junaka, pa kom opanci kom parcela na groblju. Novom ili Centralnom, svejedno.

Osim splavova, u današnje vreme funkcionišu i noćni klubovi, kao i diskoteke. Moram da priznam da nikada nisam bio ni u jednom noćnom klubu u Beogradu, čak i u vreme njihove najveće ekspanzije osamdesetih godina! Pre svega, zbog muzike koja se puštala. Uglavnom su to bili strani disco hitovi, koje su slušali gradski šminkeri.

Sa druge strane, disco tih godina je za današnje domaće folk-hitove iz beogradskih diskoteka, prava muzička avangarda. Prvi komšija Zoki Džontra kaže da muzika grupe Bee Gees iz „Groznice subotnje večeri" mora da bude u obaveznom programu svake diskoteke i dan danas. Disk džokej koji nema taj CD, treba da dobije trajnu zabranu rada u diskotekama i odmah da bude deportovan na neki splav!

Najveći plus noćnog života u Beogradu poslednjih godina je novi naraštaj devojaka. Teško ih je ne primetiti preko dana, a mogu da zamislim kako tek izgledaju u tami disco kluba ili splava. Zato pre nego što utonem u san, zamišljam kako oblačim belo odelo kao Travolta nekada i krećem u noćni život. A devojke me gledaju i uzdišu. Dok vrte telima u ritmu disco harmonike. Ko bi rekao da će Brenin hit iz osamdesetih postati lajtmotiv beogradskog noćnog života u 21.veku: „Čačak, Čačak, šumadijski rokenrol, to je život moj i tvoj, oj, Moravo, oj!"

Pismo Beogradu

Najdraži Beograde, pišem Ti prvi put. Ne znam zašto do sada nisam pisao. Valjda sam poštovao Tvoju privatnost. Nadam se da moje pismo neće da završi nepročitano u nekoj kanti. I da znaš – od srca je!

Voljeni Beograde. Znam da Ti nije lako. Uporno žele da Te pretvore u selo. Kao evropski i svetski grad-gospodin, reagovao si: može selo, ali globalno! Nisi nikom zamerao što misle da mogu da Te poseljače.

Odomaćile se životinje. Voline za volanima u svakoj ulici. Sreća i Tvoja i moja pa je prošla izborna kampanja. Bez obzira kako će „trka" da se završi samo jedno je sigurno: usvinjili su ulice. O kravama-muzarama, crnim ovcama u belom gradu, ćurkama i kokoškama, konjima-jednim, mazgovima, magarcima i magarčinama... drugom ću (ne) prilikom.

Želja mi je da, moj Beograde, sve Tvoje fasade okrečim u belo. Da ljudi, još iz aviona, pred lepotom ostanu bez daha. Kao ja, kad sam prvi put video moju buduću suprugu! Sad mi prija što povremeno pokaže i mračnu stranu. Tek da se odmorim od tolike svetlosti. Uvek si voleo svoju dečicu. Daješ snagu za prve korake, paziš ih sve vreme. Tek kada ostare i postanu penzioneri sete se da postojiš i kažu: „E, Beograde, al' si lep!" Odužiš im se lako: pošalješ im iznad glava svoje najbolje golubove. Na Tašu i na Kališu.

Nadam se da se ne ljutiš na mene, što ponekad ne sklonim pseći izmet sa travnjaka u parku, kada moj pas obavi nuždu. Kazna me sama stigne – ugazim u to već sledećeg jutra.

Grade nad gradovima, molim Te, da ne posustaješ. Velikog si srca, širokih shvatanja. Pokušaću da budem uzoran građanin i stanar.

Obećavam da ću da prestanem da pljujem po trotoarima kad imam šlajmaricu. Progutaću, pa šta bude. Kad je mogao Pavarotti da pije živa jaja za dobar glas, mogu i ja pljuvačku za Tvoj dobar glas. Nadam se da će i moji sugrađani da slede moj primer, iako su već nagutali sve i svašta.

Zaslužuješ i mnogo više. Ma, zaslužuješ orden. Veliki orden za pobednika. Kao najbolji grad na ovoj planeti. Eto, toliko. Ostani veliki, Singidunume moj! Pisaću Ti opet...

Oni su Beograd
Beograd voli svoje poznate ličnosti.
Od legendarnih glumaca do fudbalera.

Teško mogu da opišem sreću koju sam osetio kada sam stajao na semaforu sa paradajzom u kesi, a Vlade Divac mi maše iz kola! Za uspomenu i dugo sećanje dobacio sam mu jedan paradajz... najveći!

Osećaj, kada vam poznata osoba pokaže znak pažnje, ravan je prvom gutljaju piva u srednjoj školi (za današnje klince – u osnovnoj!) ili pobedi u malom fudbalu protiv kolega iz firme. Hoću reći, osećaj je božanski! Naravno, za onog k'o veruje u Onog gore. Ne mislim na komšiju sa gornjeg sprata, naravno.

U krugu dvojke našeg lepog grada, kao i po drugim beogradskim naseljima, možete da vidite javne ličnosti kako šetaju, nose kante sa đubretom, idu na pijacu.

U Svetogorskoj ili Hilandarskoj možete da sretnete: Buleta Goncića, Katarinu Žutić, Đuleta, Bilju Krstić, Vladu Džeta, Goricu Popović, a bogami i Duleta Vujoševića. Po Tašu se kreću Bisera i Vasil. Na Bežanijskoj kosi čovek lako, nekada naleti na ljude iz naroda – Brenu ili Kebu. Na Dorćolu možete da upoznate Ramba, Džeja...

Nažalost, u Krnjači (ili beše Kotežu?) više nema Mileta Lojpura, legendarnog pevača prvih igranki na Kalemegdanu. Pre par godina, otišao je da nastupa sa Elvisom, Buddyjem Hollyjem i Ritchiejem Valensom.

Takođe, više nema Slobodana Aligrudića i Zorana Radmilovića na potezu od „Srpske kafane" do „Briona". Nema više ni Zorana Miščevića, jednog od prvih i poslednjih velikih beogradskih rockera, koji je hodio tadašnjom Lole Ribara. Žal za takvim legendama nije mali. Oni su bili duh grada, iako neki nisu bili rođeni Beograđani. A, kao da jesu. Oni su bili Beograd!

Današnji idoli naizgled vode umerenije, hibridne živote. Ima tu i ića i pića, ali kampanje za zdrav život učinile su svoje. Malo, malo, pa čujem da je glumac prestao da pije ili da je vrhunski sportista prestao da puši. Nema više nezaboravnih igrača kao što je bio Paspalj, kome je cigareta bila sastavni deo sportske opreme. Da ne pričam o predstavi „Audijencija" sa Perom Kraljom i Batom Stojkovićem, u kojoj su njih dvojica zadavali domaći zadatak u ispijanju piva domaćim i stranim kamiondžijama. Takve, majke više ne rađaju!

Šetajte gradom što više – srešćete sigurno ono malo preostalih legendi. Evo, čak i ja šetam!

Ja, žena...

Biti žensko u Beogradu nije laka rabota. Jer, ako muškarci mogu da izađu na ulicu neobavezno obučeni i neobrijani, žene to nikako ne mogu! Nehajno oblačenje još i mogu sebi da dozvole, ali na proleće – brijanje je obavezno! Bar do kolena!

Ne želim da neko pogrešno protumači ovaj tekst, ali često sam razmišljao o tome šta bi bilo sa mnom da sam žensko.

Šta bi mi bilo najvažnije?

A) Cipele (zimske, jesenje, letnje, prolećne; čizme, sandale, papuče) – čime namećem mom muškarcu obavezu da mi kupi još jedan cipelarnik

B) Šminka – što uslovljava kupovinu nesesera i tašni (malih, srednjih, velikih, svih boja i veličina)

C) Nakit (samo da je žuto, a može i belo...)

D) D je i (uz) A i B i C i ogleda se u jutarnjem vrištanju: ŠTA DA OBUČEM?!?!

E) Stalno odlaženje na rasprodaje, guranje i otimanje od drugih žena

F) Gledanje emisija o modi i slušanje voditeljki

G) Dobijanje mesečnog ciklusa i kupovanje uložaka sa krilcima.

Dok ovako nabrajam, shvatam kako je ženama. A one samo žele da bude mir u svetu, da muževi budu fini i verni i da deca ne kmeče. I da budu lepe.

Nekada su žene bile opuštenije. čak su i Beograđanke imale brkove. Ispod pazuha imale su žbun nalik na

Pančićevu omoriku. Pogledajte bilo koju sliku vaše majke, tetke ili rođake sa odmora na Hvaru ili Braču i videćete da sam sto posto u pravu!

O posebnom mestu na ženskom telu i da ne govorimo. Tu bi se i zeko izgubio! U 21. veku, žena je došla do po-sle-dnje faze ekspolatacije. Ja, kao žena, morala bih da napumpam usta, grudi, a bogami i zadnji trap. Bila bih kao bicikl koga spremaju za „Toure de France". Ako to ne bih uradila, imala bih težak život! Udala bih se za nekog golju, koji bi me jedva prehranio, a kamoli priuštio letovanje u Grčkoj.

Sad sam samog sebe ubedio da je najteže biti žena.

U Beogradu ili bilo gde na planeti.

Prženje na asfaltu

Beograd je poslednjih nedelja vreo grad. Najviše zbog velikih vrućina, ali i drugi faktori utiču na povećanje temperature. Od razgoličenih sugrađanki do užarenih političkih previranja. Potrebno je jako srce u junaka!

Knez Mihailova je jedina ulica na svetu u kojoj je svakog letnjeg dana na programu modna revija u kojoj učestvuje cela ženska populacija.

Naziv manifestacije je „Deminutiv": haljinice, vruće pantalonice, suknjice, majčice, sandalice na štiklice... deo su sjajnog asortimana samo za muške oči. Ipak, ključno je ono što nosi tu odećicu! Beograđanke su svesne da su divne, a Beograđani su na velikom iskušenju.

Ponekad dok šetam sa ženom, poželim da imam bič i da kažnjavam samog sebe. Zato što sam slab! Vrelina koju osećam dok gledam te graciozne dive, dovodi me skoro do tačke ključanja. Srećom, na pola Kneza je česma! Kazna stiže kad stignemo kući i kad moja najdraža ne progovara sa mnom do kraja večeri. Kad bolje razmislim, to može da bude i nagrada, he, he.

Vrućina u Beogradu ima svoje specifičnosti...

1. Asfalt se toliko ugreje da prosto žari tabane u cipelama; ako ste dustabanlija, nije vam lako.

2. U javnom prevozu osobe koje ne koriste dezodorans isparavaju na određen način; od toga peku oči, a može i da se povrati – pogotovo ako je nekupač još i lukav.

3. Možete dobiti toplo pivo u kafiću jer se frižider upravo pokvario.

4. Pokvaren sladoled je deo folklora. Nije strašno, ali je važno da ste blizu sanitarnog čvora.

5. Ako nemate klimu u stanu, promaja je jedino rešenje; a onda vas čeka upala oka, uva ili lumbago.

6. Ako nemate klimu u kolima, morate da otvorite prozore; od izduvnih gasova može da se dobije (hipohondri, ne čitajte dalje!) sve od bronhitisa do raka pluća.

7. Omladina i penzioneri piju pivo u hektolitrima, a posle toga ulaze u vodu i opušteno čekaju infarkt.

Ovo stvarno ima veze sa mentalitetom stanovnika glavnog grada. Pa, ovde ljudi veruju da je ozonski omotač i dalje čitav! Nisu čitavi! Uvek se setim razgovora sa komšijom vulkanizerom: Ja: čitao sam da će glečeri da se istope i da će nivo vode da poraste do neslućenih razmera. Komšija: Ma, daj, šta pričaš?! Sad će, kao, da dođe ta voda i sve da nas potopi?! Ja: Tako piše u novinama. I to na dve strane. Komšija: Mnogo si, bre, naivan. Pa, pišu i da je panika jer se probušio ozonski omotač, a ja najbolje znam da nema rupe koja ne može da se zakrpi!

Najvažnije je da se čovek zaštiti! Obavezne su naočare za sunce, kapa, a potrebna je i flaša vode u torbi. Ko se toga ne pridržava, obično završi u Hitnoj. A što je hitno, to je i brzo. Tako, čim se malo oporavi, hitni slučaj ustaje na noge lagane i kreće na kućno lečenje. Peške, po suncu. Zato naučnici širom sveta dolaze u Beograd da vide u čemu je tajna naše izdržljivosti. Da li je to genetski kod ili tajno predanje? Pravi odgovor nikada neće saznati. Jer, ni mi ga ne znamo. Zato i dalje svaki dan izlazimo na 40 stepeni, uprkos upozorenjima nadležnih. Upozorenje je ništavna kategorija. Primamo samo naređenja. A odavno nema onog koji je naređivao.

Najlepše je biti kod kuće ovih dana. Uključim klimu, pustim muziku i pijuckam pićence. Oznojim se samo kad se setim šta nas čeka kad zahladni. Kad poskupi sve od šibice do nafte. Ima da čeznemo za toplim danima i vrućim vetrom. Kao što stariji Beograđani pate za srećnijim vremenima i umerenom klimom. Nas će Sunce da isprži, kao moja mama jaja na oko!

Oni računaju na mene

Splavovi su sastavni deo BG života. Ako ste u srednjim godinama ili penzioner idite samo preko dana! Jer, noću možete da padnete u iskušenje da opet budete mladi. A, to može skupo da vas košta!

Moj prijatelj je pre par godina izašao u noćni život. Posle standardne večere sa drugarima u kafani „Kosmaj" u Cvijićevoj (već dobro nalizani), odlučili su da odu na neki splav.

Tada je popularan bio „Lukas" na Ušću. Posle pola sata igrao je u društvu zanosnih devojaka na ivici punoletstva. Dok se uvijao oko jedne od njih, prišao mu je mladi opasno ošišani momak i rekao: „Matori, koje ćeš koleno da ti upucam?" Moj stari prijatelj nije ga dobro čuo od zvuka turbo-saund zvučnika, odgovorio je: „Ma, ne – ribić u kajmaku je bolji!" I to je poslednje čega se seća. Probudio se u Urgentnom centru sa ranjenim kolenom – po slobodnom izboru pucača. Kad sam ga pitao šta se desilo, rekao je: „Nemam pojma! Tip me pitao za kolenice, a ja sam mu preporučio ribić..."

To je samo jedna od priča koju su mi pričali moji ispisnici iz pohoda na splavove. A pazite tek ovo... Moj šurak, posle tri piva u lokalnom, zemunskom kafiću krene ka hotelu „Jugoslavija". Tamo je priličan broj splavova. Uđe u jedan i nastavi da pije. Pelinkovac.

Pred jutro, zakorači na splav interventna jedinica. Šurak već obeznanjen, ustane i počne da viče: „Napred, plavi! Ju-go-sla-vi-ja!" Iz alkorazloga šurak je povezao hotel, uniforme i fudbal. Vođa plave navale, u njegovom stilu vikne „Hajmo, hajde, svi u napad!" I to je, bar za mog šuraka, prekid filma. Probudio se u zatvoru bez dva zuba i sa šest modrica.

Već godinama ne prilazim splavovima noću. Danju nema gužve, posebno radnim danima. Samo zaljubljeni parovi koji pijackaju pićence i šetači pasa. Poslednji put sam bio po mraku na splavu krajem devedesetih. Splav je skoro potonuo zbog broja gostiju. Klijentela je bila neopisiva... Hm, pokušaću da opišem... Jedan poznati političar – opis: težak. Udovica poznatog kriminalca – opis: teška. Mladi glumac u usponu – opis: pijan. Svi zajedno pevaju pesmu koju sam tada čuo prvi put. Pominju se utoka, kajla i suze. Pošto me je mladi glumac u usponu – opis: pijan, stalno častio pićem, oko tri ujutru odlučim da im se pridružim gore, na stolu. Popnem se, a udovica poznatog kriminalca – opis: teška, zagrli me i šapne na uvce: „Podsećaš me na mog bivšeg." Onda je zavukla jezik u moje uvo i očistila školjku. Poznati političar – opis: težak, pozove me na levu stranu stola i kaže: „Mi računamo na tebe!" Nije mi munuo jezik u uvo.

Pobegao sam kući i sutradan se probudio sa mamurlukom koji pojača majka jer me udarila novinama po glavi. Jedan od naslova je glasio: „Pevačica između dve vatre". Na slici ona, sa njene leve strane političar, sa desne – nekorektno uslikani ja! Telefon je zvonio danima.

To je bio i moj poslednji odlazak noću na splav. A i moji poslednji trenuci sa prvom ženom. Sada sam na drugom splavu... pardon, braku.

Brdo po brdo – Beograd
Beograd ima puno lepih brda. Ipak, najlepša su brdašca iznad pupka naših sugrađanki.

Moje omiljeno brdo je Petlovo, jer je moja žena sa istog. Elem, na Petlovom brdu je jedno lepo i uređeno naselje. Sa puno lepih kuća u nizu kao u Holandiji i Engleskoj. U poslednje vreme, došlo je do izvesnih promena. Deca starosedelaca su porasla, pa su im roditelji napravili potkrovlja. To im nije bilo dosta, pa su dodavali još sprat ili dva. Sad to više nisu kuće, već zgrade u nizu. Kad odem u penziju, sigurno ću da živim na Petlovom brdu. U gajbi na trećem spratu i sa tri gajbe piva u špajzu.

Banovo brdo je, takođe, lepo naselje. Ima odličan bioskop, a ima i McDonald's. Kad su posle onog mitinga polupali iste na Terazijama i Slaviji, ovom nije zafalio ni pomfrit. To je prednost Banovog brda. Dovoljno je blizu centra, a opet daleko ako se desi neki lumperaj.

Jedna od mojih najvećih ljubavi živela je u Požeškoj. Bila je lepa k'o Grace Kelly pre saobraćajne nesreće, ali je bila malo nervozna. Dobra veza. Posebno je volela da joj govorim ono što je Duško Radović pričao u emisijama „Beograde, dobro jutro". Kao na primer: „Žene koje su se dobro udale, jutros idu kolima na posao. Voze ih muževi koji su se loše oženili." Posle godinu dana zabavljanja, dala mi je šut kartu i citirala čika Duška: „Kada se sretnu muškarac koji ne zna šta hoće i žena koja zna šta hoće, takav susret se mora završiti brakom." Nikad nisam vozio kola, a i znao sam šta hoću. Za brak je bilo rano. Hteo sam još neka brda da pređem.

Labudovo brdo za mene ima posebno značenje. Tu sam imao par odličnih drugara sa kojima sam igrao basket non-stop. Fer-plej je sastavni deo te igre. Naravno, ako planirate da izgubite. Tražio sam faulove i kad je igrač bio na metar od mene. Aut je bio čim se protivnik približi liniji terena. Važno je bilo da se pobedi, ionako smo svi učestvovali. Ipak, sve mi se vratilo kad su čuli da sam postao zet-petlobrđanin. Jedini komentar im je bio: „Ode i ti u aut!"

Osim ova tri nabrojana brda, u Beogradu postoje još četiri registrovana. Topčidersko, Kanarevo, Julino i još jedno koga ne mogu da se setim. Slična stvar mi se desila i na času geografije, kod profesorke Bekavice u Petoj beogradskoj gimnaziji. Kada me je pitala za brda, počeo sam da ih nabrajam na sledeći način: „Avala, Kalemegdan"... Posle upisanog keca rekla mi je da sednem. Pošto sam se istog trenutka setio još jednog brda, podelio sam otkriće sa njom – sav ozaren, viknem „Tašmajdan!", a ona me izbaci sa časa. Ni dan danas mi nije jasno kako Tašmajdan nije brdo, a duša mi izađe na nos dok se uspnem Aberdarevom do parka!

Eto, toliko o brdima u Beogradu. Ako se i vi setite ovog kog ja nisam, popnite se na njega. Možda vas ja ugledam sa mog.

Plankton u mojoj glavi
Svako ko je rođen ili živi dugo u Beogradu, rado se priseća kraja u kome je odrastao ili doživljaja iz škole. Takav slučaj je i sa mnom.

Osnovnu školu „Vuk Karadžić" uspešno sam završio. Nastavnički kadar je bio izvanredan: Šaperka je predavala istoriju, Pešić matematiku, Cila biologiju, a Arsenijevićka geografiju. Dovoljno je bilo da se redovno ide na časove i moglo je sve da se nauči. Naravno, bisera koliko ti duša želi. Na času geografije moj par iz klupe Dragan Mamula, nije mogao da pronađe Italiju na atlasu. Nastavnica mu kaže da potraži čizmu. Mamula je ustao i počeo da zvera po učionici. Kad smo shvatili da pokušava da vidi ko nosi čizme, smejali smo se do suza. Ova priča je sada još interesantnija, jer Mamula poslednjih dvadeset godina živi u Italiji. Našao je čizmu i živi u/na njoj...

Moja srednja škola bila je Peta beogradska gimnazija, a kad sam prvi put zakoračio – dočekao me je vanserijski profesorski kadar: Mirjana Maskareli – latinski, Ljubica Radovanović – istorija, Bogoslavov Vene – matematika, a Mirjana Dokić – hemija... Sedeo sam u poslednjoj klupi i pazio da me profesori ne primete. Srećom, u klupi ispred mene sedeo je đak generacije Milan Janjić. Znao je stvari o kojima nisam ni razmišljao. Od spelovanja na engleskom do bilo koje hemijske formule. Ali, nije bio klasičan štreber – hteo je da šapne. Maksimalno sam koristio tu dobru dušu. Ipak, jednom sam zahvaljujući baš njemu, dobio keca. Profesorka filozofije tražila je da nabrojim bar dva grčka filozofa. Panično sam pogledao u pravcu mog suflera Milana, koji mi je tiho šapnuo odgovor. Bio sam samouveren jer znam odgovor: „To su Plankton i Aristokrat!" Šok na licu profesorke Laban nikada nisam zaboravio. Njen komentar je bio jasan: „Plankton pliva u tvom mozgu, nesreć o!" Dodala je da sam paramecijum i upisala jedinicu u dnevnik aristokratskim pokretom desne ruke.

Pamtim matine doživljaje iz kluba „Cepelin" – današnjeg kluba „Taš". Led Zeppelin, Rolling Stones, a bogami i Sweet i Slade bili su izbor disk džokeja. Svi smo imali teksas jakne i farmerke, a vijetnamke smo ostavljali u garderobi. Tačno u 19.30 bio je fajront. Obično bi za kraj grunula „Sex Machine" Jamesa Browna i to bi bilo to. Izađeš iz mraka, uzmeš vijetnamku i odeš kući a tek je rano veče. U „Cepelinu" se ponekad osećao miris lepka. Dugo sam mislio da im se od vibracija odlepljuju membrane na zvučnicima, pa da moraju da ga lepe „Oho" lepkom. A onda sam video mog ortaka sa uronjenom glavom u kesu. Pitam ga šta radi, a on mi kaže da želi da se naduva. Malo kasnije, ćale je došao po njega i odrao ga k'o vola u kupusu od batina ispred škole. Tad je stvarno bio naduvan, pogotovo donja usna i levi kapak.

Ovo će da me natera da napišem memoare jer sam zaista skučen na ovoj jednoj strani. Na drugu stranu, sve ovo govori da me godine stižu. A to znači da moram da odem kod doktora i proverim prostatu. I to ide s godinama.

Majstori, majstori

Naći u Beogradu vodoinstalatera kad ti zatreba, ravno je nalaženju igle u plastu sena. A, o drugim „majstorima" ne smem ni da razmišljam. O onima koji žive na moj račun...

Otprilike, polovinu naših života sa majstorima se bakću tate i mame sa kojima živimo, a onda kad se odselimo ili venčamo i mi se upoznamo sa vodovodnim cevima, keramikom i strujom.

Prva sećanja za popravke u stanu vezana su mi za domara iz zgrade. Naime, tih godina postojali su ljudi koji su bili majstori za sve, a živeli su u zgradi sa vama. U mom ulazu bio je veliki šmeker i gospodin – čika Duško, koji je ličio na Charltona Hestona. Čak i njegov dolazak u stan bio je događaj za pamćenje, a kamoli popravljanje česme ili menjanje fasunga. Em popravlja, em je Ben-Hur! Nažalost, polovinom osamdesetih, ukida se funkcija domara i tu počinju Tantalove muke za sve Beograđane.

Naći dobrog majstora postala je misija važnija od sedmice na lotou. Traganje postaje još teže devedesetih godina, kada su pivopije i ostali alkosi počeli da se bave ovim plemenitim poslovima. Sećam se kada sam angažovao vodoinstalatera Mileta da montira tuš kabinu. Prvo je razvalio kadu. Ostavio je sav krš, jer je već prošla ponoć. Ujutru, nije se pojavio... kao ni narednih sedam dana. Zovem, zovem, zovem, ne javlja se. Kad je konačno podigao slušalicu, razgovor je tekao ovako: – Poštovanje, Mile. Da li možete da dođete ove nedelje da završite kupatilo? Ne možemo više da se kupamo kod komšije.

– Danas je veliki svetac i ne radim. Ali, sutra – daće Bog – dolazim sigurno!

Naredna tri dana od Mileta ni traga ni promuklog glasa. Odem u crkvu i zapalim sveću za njega. Kad, javlja se on meni četvrtog dana pred ponoć. Sledi monolog: „Alo, brale, ako 'oćeš, mogu sad da dođem. Da završimo tu telefonsku govornicu, ha, ha, ha! Znaš, mislim na tuš kabinu, ha, ha!" I dođe Mile malo iza ponoći. Oko pet ujutru je zaspao na kauču. Gledam ga. Pokrijem ga. Sednem od muke na fotelju i zaspim. Probudio me je oko sedam, to jest probudio me je njegov smrad pre nego što me je prodrmao. Završio je posao do podneva. Kad je odlazio, šeretski je dobacio: „Drž' vodu dok majstori odu!" U toj šali, bilo je i istine jer smo imali poplavu posle nekoliko dana – koju je sanirao drugi majstor. Još jedan Mile! Tako da znate, ako vam dođe vodoinstalater, a nije Mile, onda se taj lažno predstavlja.

Legendarni su i majstori keramičari i moleri. Keramičar izlupa sve pločice, a onda nove tako složi da se pokajete što ste i pomislili da su stare bile stare. Moleri su, ipak, na vrhu ludila. Oni najviše mogu da popiju. Gajba piva za njih je kao čaša limunade za običnog čoveka. Sliste pivo dok se pripremaju za posao. Kada počnu da rade, obično se dorađuju domaćom rakijom. Ako je nemate, imaju rezervne unučiće u svakom džepu. Ko ne gucne sa njima, taj je šonja! Kada sve završe i odu – ili su zidovi u pogrešnoj nijansi ili imaju neke čudne čvoriće... Ne sekirajte se, gosti to ne primećuju. Samo vaša žena – koja i tako i tako zvoca za svaku sitnicu.

Majstore je najbolje opisao pesnik Aleksandar Sekulić pesmom „Majstori, majstori". Ako ste gledali istoimeni film Gorana Markovića, sigurno ste je zapazili u izvrsnom izvođenju Aleksandra Berčeka:

Unutra, majstori / majstori
ko vas je zvao / zašto dirate moj crni krov
na kome stoji roda bela / na kome raste trava kudrava
Moj krov u podnožju dugog veka / Zašto ste mi kuću napali
čekićima, ekserima / četkama, bojama.
Majstori, majstori / šta ste učinili
to nije moja kuća / to više nisam ja.

Najbolji čovekov... podvodač
*Samo Beograđanin koji ima psa zna da je to prednost!
Tri puta na dan ste na čistom vazduhu, družite se sa ljudima i njihovim ljubimcima, a ako imate sreće možete
i da se (o)parite!*

Prvog psa imao sam sa devetnaest godina. Bio je to pas od mog komšije koji je bio kod mene samo mesec dana. Kad se komšija vratio sa godišnjeg odmora, morao sam da vratim džukca.

Za to vreme, Endi i ja postali smo najbolji prijatelji. Inače, Endi je bio mešanac sa Tašmajdana i izgledao je kao da su se njegovi roditelji spojili na nekoj ludoj žurci. Imao je prekratke noge, prevelike uši i predivne oči. Bio je čudne naravi: lajao je na policajce, umesto na poštare. Nema saobraćajca, ni policajca kog nije pojurio niz tadašnju ulicu Lole Ribara. Posle sam morao da se izvinjavam i da se pravdam da mu je tog dana loš bioritam.

U jednoj takvoj jurnjavi, Endi je pobegao mom komšiji i više ga nikada nismo videli. Neki su nam rekli da se pojavio na Karaburmi, a drugi se kunu da su ga videli jedne godine na Avali kako zapišava toranj. U svakom slučaju, patio sam za njim kao da mi je rod rođeni. Ako je to dobro poređenje u ova današnja (pasja) vremena.

Sledeći pas je bio moj, lično! Zvao se Meda i bio je najbolji prijatelj kog sam ikada imao. Privržen, tolerantan i ćutljiv. Voleo je decu, žene i penzionere. Takođe je bio pravi avlijaner. Spoj koale i sijamske mačke. Ne bi me čudilo da se sve to stvarno ukrstilo!

Tada sam upoznao sve prednosti posedovanja kućnog ljubimca. Kao prvo, ako šetate ulicom ili po parku, možete da upoznate divne osobe oba pola, koje vole pse kao i vi. Najbolje je kad su u pitanju usamljene devojke ili žene sklone flertu. Može da dođe i do lepog prijateljstva. Zahvaljujući psu, možete da imate neplanirani intimni doživljaj sa osobom koja voli životinje. Valjda se zato kaže da je pas čovekov najbolji prijatelj. Dodajem – i podvodač!

U Beogradu ima mnogo mesta za šetanje pseta. Od parkića do ogromnih zelenih površina. Beograđani nemaju naviku da skupljaju ono što pas ostavi iza sebe, a psu je ceo grad lični toalet. Ako ne stigne do zelene površine, ne smeta mu sivi asfalt. Što veći pas, to je veći i sadržaj koji istovari. Ako je pas manji, ne znači da će sadržaj biti manji. Viđao sam pudle koje su ostavljale gomile, kao da su jele jagnjeće pečenje za doručak. Doduše, mnogi psi se hrane bolje od ljudi. Imam poznanicu koja kaže da njen Džeki jede samo pasirano meso. I to biftek. Srednje pečen. Ja sam ga poslednji put jeo na jednoj svadbi. I to ne mojoj.

Pas obično liči na vlasnika i njegove bližnje. To nije fraza, to je pravilo. Neverovatno je da gazda nemačkog ovčara uvek liči na Nemca, a njegova supruga na ovcu. Buldog obično liči na vlasnikovu taštu. Ili obrnuto. čini se da podsvest ljudi radi punom parom kad biraju psa. Ne znam da li je Freud pisao o tome. A mogao je – kao i ljudima, i psima je seks na prvom mestu. Znate o čemu govorim?! Imam kera koji se zove Aristotel. Znam da je malo pretenciozno, ali kad se zagleda u daljinu, izgleda kao pravi filozof. U daljinu obično gleda kada vrši veliku nuždu. Pseća posla. Mislim da je bolje imati psa nego mačku. Vlasnici džukaca druže se svaki dan i sve znaju o svemu. Mačka se ne izvodi napolje i samim tim njen vlasnik ima manje informacija. To znači da nije obavešten. Mislite o tome kad budete razmišljali o nabavci kućnog ljubimca. Sad, zdravo! Moram da vodim mog drugara da saznam šta ima novo. U zemlji i svetu.

Čvarci, somovi i unučići
Beograd ima mnogo pijaca. I svaka je lepa na svoj način.

Moja pijaca je Palilulska. Na tezgama ima svega i svačega. Od paradajza i paprike, preko baterija, pa do toalet papira. U pijačnim radnjama možete da kupite teletinu, junetinu, ribu, kajmak, sir, zdravu hranu.

Ako ste skloni čašici ili flaši, možete da popijete 'ladno pivo dok čekate dragu. Moj komšija Miloje redovno je išao na pijacu sa ženom samo zbog toga. Dok ona bira jabuke i banane, on stuče po dva piva i to od pola litre. Onda mu žena uvali kese sa voćem, pa ode po karfiol i krompir. Za to vreme, on zabije u sebe još dva vinjačića. Par puta smo ga nalazili ispred ribarnice, kako imitira somove i šarane u izlogu. Kad ga žena vidi u takvom stanju, obično prokomentariše u stilu: „E, moj Miloje, naučno je dokazano da viša bića utiču na niža. Ti tu teoriju definitivno potvrđuješ!"

Bajlonijeva pijaca je ispod Skadarlije. Tamo idem kad mi se šeta nizbrdo, a vraća uzbrdo. Sve može da se pronađe – od pseće hrane do kompleta Milana Kundere. Za vreme hiperinflacije, rođak po maminoj liniji imao je tezgu sa knjigama i slikama. Za milijarde dinara prodavao je Lubardu, Mića Popovića, čak i Savu Šumanovića. Od tih bezvrednih para, jedva je prehranjivao porodicu. Kad sam mu rekao da će jednom zažaliti zbog rasprodaje umetnina iz kuće, odgovorio mi je: „Najveća umetnost u ovim jezivim vremenima je preživeti!".

Držeći se njegove devize počeo sam sa rasprodajom ploče na muzičkoj pijaci, ispred SKC-a. Tako su me napustili moji veliki prijatelji Bob Dylan, Iggy Pop i drugi. Očaj me je stizao u trenu, kad bih video novčani osmeh trgovca. Shvatio sam da se ne slažem sa teorijom o umetnosti preživljavanja. Čini mi se da sam umro svaki put kad bi longplejka prešla u ruke nepoznatom lihvaru.

Kalenić je omiljena pijaca moje majke. A kao što svi znamo – jedna je (moja) mama. Bio sam tamo par puta. Jednom sam našao tako sočne čvarke da sam ih sam pojeo do kraja dana. Posle me stomak boleo celu noć. Na Kaleniću je radnja u kojoj Beograđani kupuju najbolju pršutu u gradu.

Što se tiče pijace na Zelenjaku – nekad sam bio redovan. Ali, pazite: može da se renovira stan, lokal ili diskoteka, ali ako se to uradi sa pijacom – čarolija nestaje. Narod voli pijacu, a ne palatu!

Na Vidikovcu je takođe odličan pijačni market. Ima lubenica, dinja, donjeg veša, radio kasetofona, dezodoransa i naravno kineskih radnji sa Kinezima – koji nisu na prodaju: oni su nepotkupljivi! Ali, ima rešenja: možete da se oženite jednom od kosookih prodavačica. Znam jednog lika sa Ceraka koji se tako oženio. Tvrdi da takve domaćice u Srbiji nema! Kad ona isprži meso, prste oglođeš! Mislim da ipak preteruje. Volim i ja pse, ali ne toliko da bi ih jeo...

Na drugim beogradskim pijacama nisam pazario. Verovatno ću kad odem u penziju. Jer, penzos kupuje tamo gde je najjeftinije. Nije bitno što je na suprotnom kraju grada. Uzme ceger, popije tabletu za srce i gradskim prevozom po najvećoj gužvi dođe do odredišta. Tako ću i ja da se guram sa mlađanim momama. A onda ću sa punom torbom luka, celera, spanaća i trešanja nazad do kuće. A tamo će da me čeka baba sa unucima. Ili još bolje: sa unučićima!

Ovo nije tekst o fakultetima!
*Zahvaljujući brojnim fakultetima mnogo je i studentkinja u našem glavnom gradu.
Zato mi je jako drago što sam večiti student!*

Posle srednje škole, upisao sam Šumarski fakultet, kod restorana „Mihajlovac". Obično je kafana ili restoran orijentir, ako ne znate gde se nalazi neka ustanova. Na Šumarskom sam proveo godinu dana, a u „Mihajlovcu" dve godine.

Naime, kad sam posle dvanaest meseci shvatio da sam promašio fakultet, po inerciji i dalje sam odlazio na piće u restoran preko puta. Kada sam utvrdio gradivo, prešao sam na Višu ekonomsku školu (današnju Višu poslovnu), preko puta Vukovog spomenika, a kod „Tramvaja". Završio sam je posle šest godina i onda upisao Ekonomski fakultet i posle dve godine postao apsolvent. E, to sam i dalje.

Za razliku od fakulteta, kod kuće redovno slušam predavanja... Od moje žene. Inače, brucoši mi se javljaju sa poštovanjem, jer misle da sam asistent. Nadam se da ću jednog dana i biti. Tako je i Dinkić počeo, a vidite dokle je dogurao. Pravni fakultet poznatiji je po žurkama u „Bona Fidesu", da se ne uvrede profesori. Tako se zvala jedna od boljih fakultetskih diskoteka, a zove se i dan danas.

Pravni faks je uvek imao najlepše studentkinje. Već sam pisao o tome kako se te lepotice pretvaraju u veštice koje su mi presuđivale kad sam išao protiv zakona. Za Pravni i Ekonomski fakultet postoji i jedan odličan vic:

„Šta uradi Mujo kad završi Pravni? Odgovor: „Prenese skelu na Ekonomski fakultet".

Od drugih visokih škola, najpoznatije su one kod Studentskog trga – Filozofski i Filološki. Devedesetih godina, tu su se održavali najznačajniji protesti napredne omladine, kao i 1968. ali tog kola se ne sećam. Sada su neka druga vremena i čini se da je današnja omladina inertnija od prethodnih. Ili nema zamerki na postojeće stanje. Devojke sa ovih fakulteta su posebna priča. Neke od najzgodnijih cura koje sam video u životu, pohađale su ove dve ustanove. Sećam se Jane Đukić sa Filozofskog. Kada je ona išla Knez Mihailovom do univerziteta, sve bi stalo. I staro i mlado. Jednom sam je video na Akademiji i pokušao da je smuvam, ali sam popio korpu. Posle sam čuo da je zatrudnela na trećoj godini i da nikada nije završila Filozofski. Pomalo mi je bilo drago, jer njeno odbijanje nikada nisam zaboravio. Tada sam pomislio: „Neka ljulja dete, kad nije htela da je ja zaljuljam". Zvuči bezobrazno, ali moram da podelim sa vama moj bol.

Što me podseti na dva još bitna univerziteta u Beogradu, a to su Medicinski i Stomatološki. I oni su poznati po studentkinjama. Lepe i graciozne, posle završetka školovanja postaju one tete kojih se najviše bojimo. Ne znam da li se više plašim doktorke ili zubarke – možda za nijansu zubarke. Kad mi prilazi sa bušilicom, odmah se setim Laurencea Oliviera, kako buši zube Dustinu Hoffmanu u filmu „Maratonac" i pita ga: „Is it safe?"... i počnem da stenjem. A, ona – čini mi se namerno – burgija, baš tamo gde me najviše boli. Tada čujem novu repliku koju njene lepe oči izgovaraju: „Buši, ha, ha, ha, buši, ha, ha, ha!"

Na Fakultetu dramskih umetnosti bio sam samo jednom. Dunulo mi je da idem da polažem za glumu. Čim sam ušao u hodnik, shvatio sam da neću proći. Grupa od desetak momaka i devojaka, recitovalo je pesme Tina Ujevića i Branka Miljkovića. Znao sam da recitujem samo pesme sa prvog albuma Azre. Nisam ni ušao na prijemni, iako me je neki čovek uporno prozivao. Ipak, dopale su mi se prijavljene buduće glumice.

Eto, toliko. One fakultete koje nisam pomenuo, moram da obiđem ovih dana. Jer, stižu nove brucoškinje.

Beograde, da li si spreman?

Mobilizacija

Telefon je odavno najbolji čovekov prijatelj.
Ko nema mobilni telefon, taj kao da ne postoji.
Džaba mu aparati sa žicama na poslu i kod kuće.
A, nekad je bilo potpuno drugačije...

Neverovatni preokret u telefonskom komuniciranju, desio se pre otprilike deset godina. Dotle je fiksni telefon bio jedini način da čujete prijatelja u zemlji ili inostranstvu, da otkažete sastanak devojci ili da javite ženi da kasnite na ručak. Samim tim, stabilni telefon imao je mnogo prednosti. Žena, devojka ili drugar kome dugujete pare nisu mogli da vas nađu u svakom trenutku. Od vas je zavisilo da li želite da se čujete sa tom osobom ili ne. A sada, čim zazvoni mobilni telefon, onaj koji vas zove zna da ako se ne javljate ili ste u gužvi, ili ne želite da se javite. Zato je mobilni najveći užas koji je mogao da snađe švalere i mućkaroše.

Kad sam bio mali, telefon u kući bio je kao ikona u crkvi. Mogao sam samo da ga gledam. Najčešće ga je koristila mama – pričala je sa prijateljicama i rodbinom. Tata je telefonirao samo da pozdravi bolesnika ili da izjavi saučešće. Brat i ja smo dobijali slušalicu u ruke samo kad je zvala baba. Pošto je bila nagluva, drali smo se kao da nas deru. Ta navika je mom bratu ostala i dan danas.

U srednjoj školi, dobio sam šansu za nešto duže razgovore. Od tri do pet minuta. Posle toga, ćale bi se pojavljivao na vratima i prstima simulirao makaze. U to vreme znao se kućni red. Telefonom se zvalo do devet uveče. Ko zove posle toga – taj javlja za smrtni slučaj. Sećam se da je jednom zazvonio aparat oko ponoći. Svi smo poskakali iz kreveta da čujemo ko je odapeo. Pogrešan broj! Meni je bilo malo žao, jer kad neko pandrkne, onda mama i tata idu na sahranu. Onda se dočepam telefona i čavrljam dok se ne vrate.

Kad sam postao punoletan, dobio sam telefon u sobi. Teško je današnjoj omladini opisati tu radost, u ovo vreme mobilnih, interneta i ostalih dostignuća. U svakom slučaju, te godine postao sam čovek. Sam sa svojim telefonom u sobi i sa neograničenim vremenom za telefoniranje.

Pojavom mobilnih aparata, razgovori su se opet smanjili na minimum. Mobilni se u početku koristio za prenošenje kratkih informacija. Razgovor je baš bio skup. Zato su i konverzacije izgledale ovako: Onaj što zove: „Zdravo. Je l' se vidimo večeras na Terazijama?" Onaj koji je zvan: „Vidimo se u sedam!" Onaj koji je zvao: „Ajd', zdravo!" Čim prekine vezu, onaj koji je zvao proveravao je koliko je sekundi potrošio i čupao kosu što je rekao „ajd', zdravo" umesto samo „zdravo". Tu bi se uštedela još neka stotinka. Ja sam takođe vodio brze razgovore.

Neke moje bivše kažu da sam takav bio i u krevetu. Jedna mi je čak i rekla da sam vodio ljubav kao da sam u romingu. Nije ni počinjalo, a već sam prekidao!

Danas, stabilni telefon uglavnom koriste mame i tate. Hoću reći, kao da se obrnuo ceo krug i opet je fiksni aparat vraćen onom na čije ime se i vodi. U mom slučaju, moja mama priča sa prijateljicama i po pola sata! Uvo joj bude crveno kao sirovi biftek. Tata više telefon ne uzima u ruke. Otišao je na onaj svet, a ne verujem da tamo ima signala. Mada, ko zna... možda na kraju izmisle i tu vrstu telefoniranja. Pravo da vam kažem, to bi mi bio najdraži poziv. Jer, u čemu je svrha telefoniranja ako ne mogu da se čujem sa mojim najmilijima? Ma, gde bili!

Po šinama i pešačkim zonama

Kao i druge metropole i Beograd ima razna prevozna sredstva. Prosečan građanin bira u šta će da uđe, a budža ulazi samo u limuzinu. To se zove limuzinacija!

Najčešće se Beograđani prevoze sopstvenim automobilom. Poslednjih godina, imaju čak i više od jednog komada. Glava porodice vozi jedan auto – purnjavac, a ćerka ili sin drugi auto – još stariji. Upravo to stvara gužvu u saobraćaju i sve vidljiviji vazduh. Valjda taj smog izaziva hronično psovanje majke. Mada su deca kriva – nije mi jasno zašto njih ne psuju?

Nekada je samo tata vozio, a deca su dobijala kola – samo kad se tati poklopi natalni horoskop. U mojoj familiji, niko ne vozi kola već treću generaciju. Sve obavljamo peške. Kao đaci u gudurama Srbije.

Tako, uvek imam ranac na leđima. Unutra je voda, kišobran i rezervne čarape. Na sve sam spreman. Kad sam bio u cvetu mladosti, nosio sam i rezervne gaće i kondome. Često sam se u to doba vozio tramvajem. Mislio sam da tramvajdžija ima najlepši posao na svetu. Voziš po šinama i gledaš devojke. Neko vreme je i Zdenko Kolar (legendarni basista Idola) vozio čeličnog konja. Ćaskanje sa njim u kabini draže mi je nego čavrljanje sa Johnom Travoltom u njegovom privatnom avionu.

Egzotiku glavnog grada čine i trolejbusi, autobusi na struju. Zvuk koji proizvode podseća me na Boing 737 u niskom letu. Oko šest ujutru, kad se trolejbusi zahuktaju, u mojoj ulici svi se bude. Ljudi ustanu, zatvore prozore, pa opet na knjavanje. Ko ima prozore bez izolacije, ustaje na deset minuta – kao da radi u kontroli letenja. Dočekuje i ispraća šklopocije.

U novije vreme, sve je više motora. Za vozače kola, motordžije su kao crvene marame za bikove. Ljubomorni su, jer se ovi lako probijaju kroz gužvu, pa će da se potrude po šinama i pešačkim zonama da ih saseku, okrznu, obore, pokupe. Stradaju veliki motori, mopedi, vespe, ali i bicikle kad im se nameste. Kad malo bolje razmislim – stradaju ljudi! Da se ja pitam, osobe koje voze na dva točka, morale bi da dobiju nacionalnu penziju.

Taksi vozilo je posebna vrsta. To jeste automobil, ali i ne mora da bude. Često unutra imate šrafciger u bočnom delu vrata koji pridržava staklo, gajtane, taksimetar koji kuca kao srce čoveka pred infarkt, kao i plinsku bocu kao potencijalno eksplozivno sredstvo. Nije ni čudo što većina taksista ima okačen krst na retrovizoru, kao i ikonu zataknutu za šoferšajbnu. Uđem ti ja jednom u taksi... Ja: „Izgleda da se oseća plin!" Taksista: „Ne brinite, ne pušim već godinu dana, ha, ha!" Smejao se od srca svojoj duhovitosti, a ja sam sve vreme pazio da neki pušač slučajno ne baci opušak u blizini vozila. Ko mi je kriv, kad nemam krstić oko vrata. Ili barem tetovažu Ostroga na ramenu.

Da zaključim – najbolje je pešačenje. Što više hodate, duže ćete da živite. Nikad nisam verovao u tu svetsku zaveru da je smog štetan! Pešačka zona je cela vasiona!

Nove turističke destinacije
Svi odlazimo na groblja. Ili kao ožalošćeni (što je bolja varijanta... ili možda i nije?) ili kao onaj koga žale (što je lošija varijanta... ili možda i nije?). Od onog gore zavisi (ili možda od onoga dole?!).

Beograd je veliki grad, zato i mnogo ljudi osvane svaki dan na poslednjim stranicama „Politike". Kad se pojavite na sličici sa propratnim tekstom, tad vam je sigurno došao kraj. U čituljama, vaši najmiliji se opraštaju i tu navode mesto konačnog boravka vašeg tela – o duši ću drugi put da razmišljam. To vam je kao kad vam policija izda doživotnu ličnu kartu. Mesto gde nastavljate da stanujete kad vam istekne ona prava lična karta, zove se groblje.

Najčešće idem na Novo groblje. Pored velikana, tu počiva moj najdraži tata. A i većina mojih poznanika stanuje u okolini Tašmajdana. Hoću reći, kad završe karijeru – biće im blizu! Neki od njih na Novom groblju imaju porodične grobnice, a neki su tu kupili rozarijum. Mnogi zaslužni i poznati ljudi tu su sahranjeni. Od Branislava Nušića do Milana Mladenovića. Nušićev grob je u obliku piramide. Kad su ga pitali za života zašto je tražio taj oblik spomenika, odgovorio je: „Niko neće moći da mi se popne na glavu, kad umrem!"

Odem i do Orlovače, uz Ibarsku magistralu. Ako volite brzu vožnju, a stanujete u Rakovici, velika je šansa da će da vas dovezu baš tu! Orlovača je velika, a i širi se. To znači da radi bolje od većine fabrika u Srbiji.

Najbolji vic o groblju čuo sam na jednoj sahrani. Vraća se radnik sa groblja kući, sav znojav. „Što si se, čoveče, tako oznojio?", pita ga žena. On joj odgovori: „Ma, pusti... Neki čovek je sahranjivao taštu. Bio je takav aplauz da smo je tri puta dizali na bis!"

Lešće je interesantno groblje. Brine me što se rimuje sa „češće". Kada prođete Višnjičku banju, idete malo uzbrdo i tu ste. Na uzvišici je i sa njega je predivan pogled. Ne verujem da to nešto znači onima koji su tamo zauvek, ali za njihove voljene sigurno ima neku prednost. Gledati u daljinu i razmišljati o smislu života posebna je privilegija.

Na Bežanijskoj kosi, takođe je lepo groblje. Mirno. Prosto da čovek rezerviše mesto unapred. Možda su staze malo uske za prolaz do grobnog mesta, ali to je ionako poslednji ispraćaj. Može da se istrpi. Groblja su specifična. Na prvom mestu je mir koji osećate celim bićem. Tiho je i čuju se ptičice. Kao da ne postoji beogradska vreva. Kad ste napeti, otiđite i proverite. Primetićete da je mnogo bakica koje rade isto što i vi. Što me podseti na još jedan vic. Luta baka po groblju. Sretne nekog tipa, pa ga pita: „Sinko, gde je parcela F5?" A on će: „Što si izlazila, kad ne znaš da se vratiš?!"

Ne može da se piše o grobljima a da se ne pomenu „Maratonci". Taman da za zaključak citiram Lakija Topalovića: „Sve može da propadne, da nestane – samo je smrt siguran posao!"

Velikani od metala i kamena
U prestonici ima mnogo lepih spomenika.
Svako ko se bavi javnim radom nada se da će jednog dana dobiti spomenik u prirodnoj veličini.

Na Trgu Republike – nekoliko spomenika.
Pored „konja" se svi Beograđani čekaju. Nekada sam čekao ali i ispraćao devojke. Sada vidim da muškarci ispraćaju muškarce. Stiglo nas je novo doba – i mi Konja za tu trku imamo!
Trg krasi ili ruži (zavisi ko gleda) Staklenac. Ispred je parkić, tj. travnjak na kome je spomenik Branislavu Nušiću. Nadgleda i krsti se zbog užurbanosti i nervoze svojih sugrađana. U parkiću kod Francuske ulice, 1980. prvi put sam video Bajagu sa akustičnom gitarom – svirao je rock'n'roll klasike. Svi smo to veče gledali u Momčila, kao u spomenik. Inače, na tom mestu je spomenik Vasi Čarapiću, koji je tu u blizini i poginuo. Bajaga će da se načeka.
Spomenik Njegošu je ispred Filozofskog fakulteta. Kad ga student pita kada će da dobije diplomu, Njegoš mu odgovara: „Tvrd je orah voćka čudnovata, ne slomi ga, zube polomi".
Ispred ETF-a je spomenik Nikoli Tesli. Ćuti kao zaliven. Iako često zamišljam da se rukujem sa Teslom, pročitao sam da nije voleo fizički kontakt sa ljudima. A ja, baš ispod spomenika, fizički sam kontaktirao sa jednom malom – pola sata smo se ljubili u potpunoj tami. Nije mi prijalo. Osećao sam Teslin pogled na vratu i kao da sam čuo da viče: „Ja izmislio struju, a ti u mraku tumaraš!" Vuk

je u Studentskom parku, a Ivo na Andrićevom vencu. Ne razumem, zašto se i Studentski trg ne zove po Vuku. Mada, sad je stvarno nezgodno da se zove Karadžićev venac. Pomisliće ljudi na nekog drugog.

Najviše volim spomenik kralju Ibiju tj. Zoranu Radmiloviću na ulazu u Atelje 212. Često tuda prolazim i osećam kao da će da navali na mene sa beskrajnom improvizacijom. Za svaki slučaj, poklonim mu se i nastavim dalje. Kralj Zoran je zaslužio taj naklon čudesnom energijom koja se ne zaboravlja. Odana publika samo zbog njega prolazi Svetogorskom ulicom.

Nekadašnji Trg Marksa i Engelsa već duže vreme je Trg Nikole Pašića. Stoji on uspravno i gleda u Glavnu poštu. Sigurno misli da upiše akcije.

Na Kalemegdanu je najveša koncentracija spomenika. Tu su Đura Jakšić, Branko Radičević, Aleksa Šantić, Jovan Dučić, Borislav Stanković, Miloš Crnjanski i drugi velikani koji su ostavili neizbrisiv trag. Lepo mi je kad provedem neko vreme u takvom društvu. Sve čekam da me zaraze svojom kreativnošću.

Ako, pak, odete do Pionirskog parka, naići ćete na spomenik Nadeždi Petrović. Znam da bi mnogi od vas radije naleteli na novčanicu od 200 dinara, na kojoj je lik poznate slikarke.

E, sad – neki naši velikani nisu izvajani u kamenu. Milutin Milanković, Mihailo Pupin, Isidora Sekulić, Uroš Predić, Danilo Kiš, kao i Arsenije Čarnojević. Ko zna da li će ih ikada i dobiti? Pojavljuju se neki novi zaslužni ljudi, a ni oni stari nisu na pijedestalu.

Lepo piše u jednom tekstu o Hristu: „Svojima dođe, svoji ga ne prepoznaše."

Ko izgubi dobitak, dobije gubitak
*Beograđani su poznati konzumenti pisane reči.
Čitaju knjige, stripove, dnevnu i periodičnu štampu,
kao i stotine mejlova dnevno.
Pa, opet jedva popune formular u pošti ili policiji.*

Nekada su Beograđani najviše čitali „Politiku", „Večernje novosti" i „Borbu". Moj tata je kupovao „Politiku". Dok sam bio mali, bila mi je prevelika. Sa mojim ručicama nisam mogao da ih raširim. Zato je nisam ni voleo. Draži su mi bili stripovi „Teks Viler", „Komandant Mark", „Modesti Blejz", a kasnije i „Alan Ford". Moji roditelji su čitali mnogo knjiga. Od Marcela Prousta do Jamesa Joycea. Imao sam sve predispozicije da postanem književnik, ali sudbina me odvela u drugom pravcu. Možda je i bolje što nisam pisac, jer bi me onda frustrirani kritičari cepali u froncle. Morao bih da idem na književne večeri da im dobacujem, dok pričaju o knjigama koje nisu ni pročitali.

U našoj kući, knjige su uvek služile za razgibavanje moždanih vijuga. Prvi sam koji ih je koristio za nešto drugo. U mojoj sobi, radni sto je imao jednu kraću nogu. Posle kraćeg istraživanja „Istorija starog Rima" bila je idealna za poravnanje. Sledi prava drama koja me usmerila na pravi put. Tata: – Da li znaš ko je rekao 'kocka je bačena'? Mali ja: – Znam, tata: Gaj Julije Cezar! Tata: – A znaš li ko je rekao 'batina je izašla iz raja'? Mali ja: – Ne znam, tata... Tata: – Znači, ne slušaš! Ja sam rekao baš sad! Onda je izvadio knjigu ispod stola i zveknuo me da sam se okrenuo tri puta. K'o Madonna kad đuska oko šipke. Od tada više nisam stavljao knjige ispod stola, već na sto. I počeo sam intenzivno da ih čitam.

Stanovnici Beograda ranije su ogroman broj knjiga uzimali iz biblioteka. Povremeno i bukvalno. Uzmu, a nikad ih ne vrate. Zato se u većini kućnih biblioteka prosečnog Beograđanina, nalaze knjige pečatirane po bibliotekama. Šta ćete, ko će da skupi hrabrost da vrati knjigu koju je uzeo pre petnaest godina?! Zanimljivo je da uvek zaboravljaju Andrića, Dostojevskog, Kunderu, Hemingwaya. Po nestalim knjigama iz biblioteka zna se da imamo dobar ukus. Današnji konzumenti knjiga orijentisali su se na kupovinu istih. Knjižare rade punom parom! Svake godine Sajam knjiga je sve posećeniji.

Gradska omladina i sredovečne dame i gospoda vole savremene autore. Čitaju engleske, španske, japanske, indijske, pa čak i avganistanske autore. Sa druge strane, veliki deo Beograđana i dalje čita samo dnevne novine. Kao i titlove venecuelanskih i meksičkih serija na malim TV ekranima koji su sve veći.

Tabloidne novine se najlakše konzumiraju. Šokira te naslov, a tekst nema veze sa naslovom. Brzo smo naučili, pa tekstove više niko ne čita.

Prosečan vlasnik mercedesa ili audija, nema vremena za gubljenje. To isto važi za njihove lepše polovine. One uglavnom čitaju jelovnike u skupim restoranima. Pa, onda naruče teleće medaljone. Što je sigurno, sigurno je.

Vi ne budite kao oni i krenite do prve knjižare ili biblioteke da nađete knjigu za sebe. To što ne vozite mečku, uopšte nije šteta. Samo dobra knjiga može da vas odveze gde god poželite. A za to vam ne trebaju elektro-podizači ili alufelne!

Prelaziš, a ne primećuješ
Beograd ima mnogo mostova. Svaki je lep na svoj način.
Grad bez mostova je kao čovek bez zuba.
Eto, zato krezubi čovek stavlja „most"!

Najviše volim Brankov most. Uvek sam voleo da ga prelazim i prema Novom Beogradu, a i nazad. Preko njega idem peške, biciklom, kolima i autobusom. I uživam. Posle koncerta The Rolling Stonesa na Ušću, masa ljudi je prelazila preko mosta, koji je počeo da vibrira. Energija „Kotrljajućeg kamenja" iz naših stopala prenela se na konstrukciju Brankovog mosta. Stručnjaci su rekli da je postojala opasnost da se most i sruši.

Najprometnija je Gazela, koja je izgrađena u sklopu autoputa Bratstvo i jedinstvo. Dnevno pređe preko njega 165.000 automobila iako je predviđeno samo 40.000. Pošto su gužve svakodnevne, tu se i dalje posle sudara trenira bratstvo i jedinstvo.

Beograd ima i dva železnička mosta – Stari i Novi. Ne znam da li to ima veze sa Starim i Novim zavetom? Čitao sam ih davno, ali ne sećam se da su pomenuti mostovi.

Stari železnički most lepo je gledati sa Brankovog. Gledaš ga onako iz daljine i pitaš se kako to da se još nije srušio?...

Nisam pomenuo da su Savski most sagradili Nemci 1942. godine. Posle rata su ga zvali i nemački, ali je to narod brzo zaboravio. Ja bih ga nazvao po valuti kojom je građen – da ga zauvek markiramo!

Interesantan je i Pančevački most. Beogradski je i jedini je iznad Dunava (pravite, bre, još jedan!). Pošto volim

Pančevo koliko i Beograd, ne smeta mi što ga tako zovu. Najviše volim stoperke koje stoje na njemu. Najčešće drže kartone na kojima piše „PA". Kao da mi kažu: „Ako me povezeš, PA... sve je moguće". Često sam vozio devojke sa tim napisanim „Pa", ali na kraju sam dobijao samo „Pa, pa, Blažo!" Moraću da pređem na one što drže napisano „ZR". Valjda to znači – ZRelo je!

Sa pančevačkog mosta takođe skaču razočarani građani. Srećom, odmah ispod mosta kafanu drži simpatični Renato, koji ima čamac pa često spasava živote. Jednom smo žena i ja okupili društvo da proslavimo našu godišnjicu braka. Kad sam video račun i ja sam poželeo da skočim sa Pančevca. Onda je Renato uskočio u priču i... dao mi popust!

Posle ovog teksta sigurno želite da prošetate preko nekog mosta. A znam da nemate vremena. To ti je moderan život. Ne stižemo da primećujemo, samo je važno da što pre stignemo. Zato od sad nosim foto-aparat kad znam da ću da pređem neki most. Verujte, to su najlepše slike Beograda. Citiram Andrića: „Mostovi su trajnost lepote koju čovek stvara!"

Hlorovanje

Obožavam da plivam u bazenima! Morska pučina oduvek me je plašila. Tu su ajkule, hobotnice, murine i ostale ale. Jedino nezgodno iskustvo sa bazenom nije u bazenu, već ispod tuša – kad vam ispadne sapun...

Kao i svaka metropola, Beograd ima veliki broj bazena. Svako ide na onaj koji mu je najbliži. Ja idem na Tašmajdanski bazen. U stvari, išao sam dok se nisam oženio. Ne znam kakve to veze ima sa plivanjem, ali verovatno ima.

U letnjoj sezoni bio sam redovni posetilac od detinjstva. Dolazio sam rano i plivao sa uživanjem. Redovno sam igrao i čuvene „šuge". Kad razmislim – veći deo života proveo sam u hloru. Zato sada slabije čujem. Mogao bih da tražim beneficirani radni staž ili invalidsku penziju. Sa druge strane, ta gluvoća mi dobro dođe na koncertima. Kad grunu gitare iz pojačala, čujem ih kao Zagor bubnjeve u daljini. Inače, bazen na Tašu radi i leti i zimi. Trebaju vam samo kupaće gaće i dobra volja. Zimski bazen ima skakaonicu sa koje sam prvi i poslednji put skočio sa deset metara. Nikad neću zaboraviti misli i osećanja dok sam bio na visini: bazen je previše mali – promašiću ga! Dok sam padao, život mi je prošao kroz glavu: majka me doji, prvi koraci, vozim bicikl sa tri točka, jedem šećernu penu na vašaru, prvi poljubac (a izgleda da sam video i budućnost), odlazak u vojsku, čučavac u kasarni, trinaesta plata, bije me pandur na demonstracijama, ženim se prvi put...

Upao sam u vodu – kakvo olakšanje! Drugari su me gledali zadivljeno! Ali, izlazak iz bazena je sve pokvario. Ni to njihovo vrištanje od smeha nikada neću da zaboravim. Od siline ulaska u vodu, gaće su mi se uvukle skroz u rektum. Tako sam te 1980. godine otkrio Beograđanima tange! Nažalost, izum nisam patentirao tako da je neko drugi zaradio pare. Na mom veličanstvenom skoku.

Bio sam i povremeni gost bazena „25. maj". Izvanredan izbor mladih kupačica! Draž je bila veća, jer sam na Tašu znao sve devojke. Dorćolke su tada bile delo majke Prirode, a ne kao ove što sada krstare Silikonskom dolinom. Plivale su k'o sirene i činilo mi se da su gledale samo mene. Tako sam se okuražio da jednu startujem posle dugotrajnog plivanja rame uz rame. Pitao sam je: „Da li više voliš kraul ili prsno?". Odgovorila mi je: „Zar se ne vidi?" Buljio sam u prsa koja su izvirala iz vode i uspeo da promrljam: „Izvini, moram da ispunim normu"... Plivao sam sat i po bez prestanka. Na kraju, nisam imao snage da izađem iz bazena. Spasioci su me izvukli i počeli sa veštačkim disanjem. Čini mi se da mi je jedan bar dva minuta krljao krajnike. Uvek su mi ti bilderi bili sumnjivi. Čim toliko vežbaju, tu nisu čista posla. Zato ja ne dižem ništa teže od kašike.

Ako ne računam „11. april" kao neki – Novi Beograd nema bazen. Neverovatno! U taj grad se ulaže u isplativije stvari. Izgleda da im je moto: bolje da napravim veliku poslovnu zgradu u kojoj će ljudi da sede, nego bazen u kome će da plivaju. Za nas koji volimo kupanjac, bitno je da može i slobodno da se urinira na 25 ili 50 metara... Srećom, naše bazendžije još ne stavljaju onu hemikaliju koja otkriva urinsku mafiju po bazenima. Priznajem da je osećaj neponovljiv dok se olakšavam za vreme plivanja. Zlata vredi – pitajte Čavića ili Felpsa, ako mi ne verujete...

Deset s lukom!
Beograd je poznat po starim kafanama i restoranima.
Opet, i neka nova mesta za krkanje imaju dušu.
To je veoma bitno, jer kao što Canetova pesma kaže:
„Bez duše si niko, bez duše si ništa".

Prva sećanja na ćevape koje sâm naručujem i plaćam, vezana su za „Palilulsku kasinu". Stolnjaci su bili karirani, kako i dolikuje takvom mestu. Deset sa lukom i „BIP" pivo i danas zvuči kao savršen izbor. Narednih godina, u „Kasini" sam jeo punjene pljeskavice na kajmaku, teleće medaljone, čorbas' pasulj sa kobajama, škembiće (jednom i nikad više!), gulaše, kao i karađorđeve šnicle. Dok zamišljate zašto karađorđevu šniclu šaljivo zovu „devojački san", insistiram da krmenadla dobije ime po Marku Kraljeviću!

Danas je „Kasina" postala kazino. Možete da se kockate, pa onda da odete negde da jedete. Prva picerija u kojoj sam jeo a nisam stajao, bila je „Pod lipom" (sad je tamo „Pizza hut", ma šta to značilo). Sa tadašnjom devojkom sedeo sam u separeu i sve vreme računao da li ću imati dovoljno novca. Kad je posle pice i koka-kole rekla da hoće i kafu, moja računica se srušila. Baš je ta glupa „turska kafa" bila previše. Kad je stigao račun u kožnom povezu, samo sam progutao knedlu i upitao moju pratilju: „A je l' imaš da mi pozajmiš 80 dinara?" Odgovorila je hladna kao pivo: „Naravno da imam." U vazduhu je lebdela reč „goljo", koju nije izgovorila. Dala mi je sto dindži i to je bio naš poslednji sastanak. Neka joj druga budala plaća „kvatro stađone" – mislio sam tada. Prohujalo je mnogo godišnjih doba s vihorom, a ja joj nikad nisam vratio pare. Eto, uvek ću biti dobar za taj iznos...

Kad sam bio mlađi, nije se previše izlazilo na jedenje po restoranima, jer su majke po kućama pravile najbolje obroke. To sedenje po restoranima verovatno ide sa godinama. Majke se umore od decenijskog spremanja hrane, a nama se pojave nove žene u životu, koje neće da kuvaju. Današnje predstavnice suprotnog pola nemaju vremena. Dok odvedu decu u vrtiće, odu na posao i vrate se kućama, nije im ni do čega. Bar tako kažu. Jadni muževi moraju da pribegavaju jedinom rešenju – to su poslovni ručkovi i sastanci. Jedu sve od jagnjeta do praseta. U Beogradu i okolini ima takvih mesta, koliko ti stomak želi.

Interesantno je da poslovni partneri iz gradova u Srbiji, bolje znaju od Beograđana gde je najbolji krkanluk. U stvari, on vas vodi do kafane, a vi samo plaćate ceh. Sve funkcioniše po principu spojenih sudova. Sve se pojede, onda kelner spoji prazne sudove i odnese.

Danas u Beogradu imate restorane sa kineskom, indijskom, libanskom, meksičkom, čak i tajlandskom kuhinjom. Ali, mora čovek da bude pažljiv. Zbog začina!

Bio sam u indijskom restoranu sa kumovima i naručio nešto... egzotično. Obrok je bio toliko ljut da je, kad sam zapalio cigaretu, plamen iz mojih usta spržio kumi šiške. Vrhunac je bio kad sam stigao kući i seo u „radnu sobu" – mislim... na šolju. Dok je vatra izlazila iz mog zadnjeg trapa, oči su mi bile pune suza, kao: kad smo izgubili od Mađara na Olimpijadi u Atini. Imao sam utisak da su mi sve vene na zadnjici popucale! Srećom, u kući uvek imamo „Pavlovićevu mast". E, Živorade Pavloviću, zaslužio si Nobelovu nagradu – za doprinos u borbi protiv indijskih začina.

Krevet, kocka i krv
Beograđani nemaju prilike da upoznaju hotele u svom gradu. Osim onih „časnih" izuzetaka, svadbara i kockara. O švaleraciji po hotelima, nemam dovoljno informacija. Osim poneku.

Najpoznatiji hotel u Beogradu je „Hyatt". Kažu da je i najskuplji. Bio sam tri puta. Kad mi se ženio drug, kad me je jedna firma zvala na proslavu i kad me uhvatila mala nužda, pa sam sa tramvajske stanice pojurio do „Hyatta" i zamolio simpatičnog portira da me pusti da se olakšam. Nikad nisam bio u hotelskoj sobi ovog eminentnog hotela. Mada, kada se setim da je devedesetih godina jedan žestoki momak tu završio karijeru i nemam neku želju da spavam u nekoj od tih soba. „Hyatt" ima lep hol, restorančiće i radnje. Fontana radi i uvek ima vode, za razliku od nekih naselja u Beogradu.

Drugi hotel koji svi znaju je „Continental". Do skora je bio i „Inter", ali je zapelo oko prava za licencu, pa je ime moralo da bude promenjeno. Čini mi se da je sve drugo ostalo isto. Na ulazu rade ljubazni ljudi, a i toaleti su čisti i uredni. Hol je poznat i po jednom događaju krajem devedesetih godina. Vidi, vidi... dva od dva hotela koja sam pomenuo imaju krvavu istoriju... Zanimljivo! Ne znam da li je slično u Njujorku, Londonu, Parizu? Da li se i tamo rokaju po skupim hotelima ili to obavljaju po tamnim prolazima kao sav normalan svet?

Hotel „Union" je u Kosovskoj. Osamdesetih godina prošlog veka obožavale su ga naše zvezde estrade i one druge zvezde. Obožavam ga jer je Kinoteka tik uz njega. U

„Unionu" sam jednom pio odličnu kafu. Čuo sam razgovor sredovečnog para za susednim stolom... Ona: Jesi li rezervisao sobu? On: Jesam, pile! Ona: Ne zovi me tako! Ako moj muž sazna za nas, podaviće nas k'o piliće! Posle popijenog viskija, ustali su i krenuli ka hotelskoj sobi. Kad je minut posle njihovog odlaska u hotel ušao grmalj sa pogledom lisice koja ulazi u pilićarnik, ustao sam i izašao. Ko zna, možda taj baja i nije bio njen muž. U svakom slučaju, nisam želeo da saznam! Strah je najbolji prijatelj vernih muževa. Što nameravam i da ostanem.

„Metropol" se renovira. Kupio ga je neki Grk za 27,4 miliona evra. Da imam te pare, oročio bih ih na ove kamate koje sada nude po bankama. Ali, Grk valjda zna šta radi! U hotelu je bio kazino. Jedini put kad uzimam kockice u ruku je kad igram jamb protiv kuma. Planiram za zavrtim rulet kad se završi renoviranje. Možda mi se zavrti u glavi od para koje budem dobio.

A „Mažestik"... Sav je u mermeru, pa mi se čini da i portir ima mermerno lice.

U najstrožem centru su i „Moskva", kao i hotel „Balkan". Aforističar Dragutin Minić Karlo napisao je da je hotel „Moskva" ustvari glavni grad Crne Gore.

U Kralja Petra je najstariji beogradski hotel „Rojal". Tu je legendarni gitarista i pevač Mile Lojpur imao i poslednji nastup.

Baš je mnogo hotela u prestonici! Možete da prenoćite ili da odete na dnevni randevu sa koleginicom sa posla... Ali, to može papreno da vas košta. Kao što su pevali Eagles u pesmi „Hotel California": „You can checkout any time you like, But you can never leave!"

Mamine bele čarapice i tatin sako
Beograd je grad sa puno neverovatnih radnji za one koji prate modu. Ranije nije bilo tako.
Radnje za obuću i garderobu su bile društvene.
Dok se društvo nije rasturilo.

Prve modne linije koje sam nosio zavisile su od moje majke. Bio sam samo model kog je oblačila po svom ukusu. Kada pogledam slike iz perioda pre i na početku osnovne škole, ne mogu da verujem da sam pristajao na taj stajling. Bele čarapice, crne cipele, glupi kačketi i šeširići, kao i jaknice neverovatnih kolorita. Kada se kasnije pojavio pevač Michael Jackson, shvatio sam da je moja majka u stvari bila modni vizionar. Kad je Michael obukao bele čarape i crne cipele, ja sam već nosio šimike. I imao frizuru zvanu tarzanka.

Tih godina u Beogradu je postojao samo jedan komision i nalazio se u Nušićevoj. Tu su se kupovale prve farmerke u životu. U kupovinu se išlo obavezno sa majkom, dok je tata bio sponzor. Naglašavam, moja mama je uvek birala farmerke za mene! A, to znači da su mi uvek bile dva broja veće i duže nego što treba. Govorila mi je da još rastem i da će mi dogodine biti super. Kupovine farmerki nisu bile česte, tako da su se nosile do „poslednjeg daha". U stvari, mame su krpile rupe na kolenima i zadnjici, tako da bi se pre moglo reći da su se nosile do poslednje zakrpe. Danas su rupe na farmerkama deo farmerki. Izem ti modu!

Nešto kasnije, išao sam u Trst i pazario starke, farmerke, bela majica, teksas jakna i „vijetnamka" – moj izbor!

Pojavom novog talasa u muzici, dolazi do drastične promene garderobe u mom životu. Tad sam jedini put u životu imao modni uzor. Počinjem da kopam po tatinom ormaru i da oblačim sakoe i kravate. Pošto je tata već bio u zrelim godinama i imao shodnu kilažu, na meni je sve uglavnom visilo. Najvažnije mi je bilo da je moj idol David Byrne iz grupe „Talking Heads" nosio isto što i ja. Bio sam ubeđen da je i on nosio odeću iz ormara svog ćaleta. Barem mu je tako stajalo. Taj period je bitan jer roditelji više nisu morali da troše novac za moju garderobu za mene, jer sve što mi je trebalo imali smo u kući. Jedino što je tata doživljavao nervne slomove, kad je kretao na posao i shvatao da sam u njegovom sakou otišao u školu. Onda je oblačio moju jaknu sa logom „Peace". Što ne bilo tako strašno da nije bio vojno lice.

Kada su novi talas i punk zarđali (umesto da sagore), ostao sam bez modnih uzora. Postao sam svoj majstor. To je podrazumevalo neviđene promašaje. Kao što su teget čarape na braon cipele ili crni sako na plavu košulju. Jednom sam u tom izdanju, došao kolima na sastanak sa devojkom koja mi se sviđala. Pitala me je: „Sigurno su ti isekli struju!?" Počela je da se smeje i uživa u svojoj duhovitosti. Ja sam se poslednji i još slađe nasmejao: naglo sam zakočio, pa je udarila glavom u šoferšajbnu.

Danas, kada sam pripadnik sredovečne generacije, čini mi se da sam napokon pronašao svoj stil – vratio sam se korenima. Opet nosim starke, majicu, duks i teksas jaknu. To je poznato u psihologiji i kao kriza srednjih godina. Hoću ponovo da budem mlad, ali šipak. Odaju me seda kosa, zalisci, bore i dlake iz ušiju i nosa. A i krštenica.

Svet u kući
Ovo nije era pacova, vodolije, maka – ovo je era televizije!
Trenutno imam sedamdeset TV kanala.
Dok izvrtim sve programe, počinju nove emisije, filmovi...
Vreme mi je za novi krug!

Dosadna ali istinita rečenica: nekada je bilo sve drugačije! Imali smo samo jedan kanal, mada se tog doba i ne sećam. Stariji pripovedaju da su se komšije okupljale kod onoga ko je imao televizor. Ljudi su sa društvom gledali prve domaće serije sa Mijom i Čkaljom. Narod je bio srećan. Kad se sutradan dođe na posao, prepričavali su se duhoviti dijalozi iz „Servisne stanice".

Moja sećanja počinju od dva televizijska programa. Prvog i drugog. Od domaćih serija koje pamtim, najviše sam voleo „Diplomce". U glavnim ulogama: Bora Todorović, Mija Aleksić i Bata Stojković kao Bubuleja. Znam da sam se smejao jer su se smejali mama i tata, a da sam posle toga morao na spavanje. Verovatno je serija emitovana od 20.00 do 21.00. Današnja deca ne idu na spavanje dok ne odgledaju „reality show" do kraja, a to obično znači oko ponoći. Zato se sutradan spava po učionicama.

Interesantno je da nekada nije postojao daljinski upravljač. Ljudi su bili mršaviji, samim tim što su morali da ustanu i odu do TV-a čim neki voditelj počne da ih nervira. Bio sam zadužen za menjanje kanala. Tata naredi, ja otrčim i pritisnem dugme. Da citiram Muhammada Alija: „Lepršam kao leptir, ubadam kao osa!" Da sam rođen u Severnoj Koreji, garant bi me izabrali za pritiskanje crvenog dugmeta. Stisnem – i ode San Francisko... Stisnem – ode Njujork. Pamtim emisiju „Petkom u 22", koja mi ostala u memoriji po spotovima Idola i Šarla akrobate. Legendarni Tucko i Boris režirali su te video bisere i zbog toga su zaslužili nacionalnu penziju. Dobro, još su relativno mladi za penziju, ali se nadam da će ih se setiti. Emisija „Hit meseca" sa domaćim rock hitovima i voditeljkom Ducom Marković urezana je u sećanje svakog konzumenta pop muzike iz tog vremena. Tih godina, moja generacija nije pratila TV-dnevnik. Znalo se da je predsednik Tito i da će posle Tita biti Tito. Ali, ne lezi vraže...

Posle odlaska najvećeg sina naših naroda, razni su se ređali do 1987. godine, kada je došao onaj koji i nije bio neki sin. Više je bio *son of the bitch*. Sa njegovim dolaskom na čelo njegove partije, naša televizija postaje njegov aparat za pravljenje požara. Vatru su potpirivali i razni hitovi nove muzike, koja je u nazivu imala reč turbo. Televizijski urednici su im davali sve više prostora. Na kraju smo svi postali turbo... siromasi, pre svega.

Od 2000. godine, gledanje televizije u Beogradu postalo je pomama. Sve više ljudi ima kablovsku, što znači neograničen broj programa. Emisije o životinjama, tajnama egipatskih piramida, nestanku brazilskih šuma i druge globalne teme stranih redakcija, postaju ozbiljna konkurencija domaćim TV-stanicama. Meni je svejedno. Ono što ću uvek da pamtim jesu televizijske emisije i prenosi kad su bila samo dva programa: buđenje u pet ujutro za boks meč pomenutog Alija protiv Georgea Foremana za titulu u teškoj kategoriji 1974. godine, Olimpijada u Moskvi 1980. i Prajini zlatni koševi protiv Rusa u finalu, „Obraz uz obraz", „Šou Sedmorice mladih", kao i „Pozorište u kući".

Dok ovo pišem, suza suzu stiže jer shvatam da ta nevinost gledanja televizije ne može da se ponovi. I tu nikakav daljinski upravljač ne pomaže.

Samo jogurt uz burek!
Život u Beogradu bio bi nemoguć bez pekara, zar ne?!
Beograđani jedu sve: burek sa mesom, pogačice, paštete,
đevreke, žu žu. U metropoli se kupuje pogača, hleb,
leba, lebac, ali i cvetovi i ruže...

Najvažniji je doručak – tako su me naučili roditelji. Moj najomiljeniji je burek sa mesom kod Ljupčeta u pekari na uglu Dalmatinske i Dragoslava Popovića. Preko puta je poznati ženski studentski dom, u koji je išla i moja majka. Tata joj je zviždao ispod prozora, a na prozor su izlazile sve studentkinje sa te strane ulice. Tada pekare još nije bilo, pa je tata donosio cveće. Pošto su to bila teška vremena, verovatno bi se mama više obradovala kifli ili đevreku. Kada obedujem u Ljupčetovoj pekari, obavezno i majci uzmem neko pecivo. Da joj nadoknadim ono što je propustila u mladosti.

Prva pekarsko-inspektorska direktiva: kad kažem burek, mislim samo na burek sa mesom! Nikad nisam razumeo zašto se kaže „burek sa sirom". To nije burek, to je sirnica. To će da vam kaže svako ko se razume u te stvari.

Druga pekarsko-inspektorska direktiva: ko ne naruči jogurt uz burek, taj je ili budala ili stranac!

U jutarnjem pohodu na pekare, Beograđanke i Beograđani pokazuju da ne haju za linije. Jedu lisnata testa i to u velikim količinama i kao da svako zna svoje mogućnosti. Ja, recimo, uvek naručim 300 grama bureka ili 200 grama žu žua.

Osim jutarnjeg, postoji i noćno konzumiranje u pekarama. Neverovatno je, ali posle ponoći naši sugrađani krkaju kao da je tek svanulo. Pleh bureka plane, dok si rekao somun. Kad se kora za burek i meso spoje sa pivom, viskijem, pelinkovcem i jogurtom, u organizmu noćne ptice dolazi do izuzetne fiziološke potrebe. Ona se najčešće obavlja kod kuće. Ko stigne do nje.

Za noćni krkanluk izabrao sam pekaru na Vračaru, na račvanju Mileševske i 14. decembra. Preko puta nje je bio legendarni pab „Glimmer Twins", koji su vodili Gazda Milutin i Arigo Saki, fantastični gitarski tandem iz prve faze Kljunova. Klijentela je posle tri ujutru izlazila iz lokala, prelazila ulicu i odlazila da utoli glad. Sećam se, buckasta pekarka je bila najbolja reklama za ono što je prodavala. Na udvaranje pivopija uvek je odgovarala osmehom. Najuporniji su dobijali poklon perecu.

To me podseti na vic: Mujo ulazi u pekaru i pita: „Je l' imate hiljadu pereca?" Kaže pekar: „Nemamo." Sutradan, opet Mujo dođe i pita: „Je l' imate hiljadu pereca?" Sledeće noći pekar napravi hiljadu pereca. Dođe Mujo ujutru i pita: „Je l' imate hiljadu pereca?" Pekar će ponosno: „Imamo!" A Mujo: „E, da mi je znati koja će budala da ih kupi?!"

Beograd voli radnike koji rade u pekari. Najbolja posveta je u „Varljivom letu '68", kad Bata kaže: „Mesi, sine, mesi!"

Nikad ne bih mogao da budem pekar, jer se rano ustaje i mora da se petlja oko peći – ali to zanimanje veoma cenim i poštujem.

Eto, uvek uđem u pekaru koju prvi put vidim – nikad se ne zna gde me čeka neka Jagodinka Simonović.

Ko te šiša
*Svako ko drži do sebe u Beogradu ide redovno na šišanje.
Muškarac u ovom novom dobu, mora da bude
uredno podšišan. A tek žene!...
Moderna žena ima tip-top friz i gore i dole.*

Prva šišanja moje glave bila su u frizerskoj zadruzi. Mama me je dovodila, dok sam ridao krokodilske suze. Prestajao sam da vrištim tek kad me posade na drvenog konjića. Kao da je imao terapeutsko dejstvo. A onda me je majstor Vasa dovodio u red. Frizura mi je uvek bila ista. Valjda zbog trimera, koji je godinama bio poluispravan. Pozadi bi me ostrigao kao da sam na odsluženju vojnog roka, a na temenu mi je pravio takve rupe kao da me je spremao za ulogu tifusara u filmu „Bitka na Neretvi".

Kad sam malo porastao, išao sam svojevoljno u zadrugu i govorio majstoru Vasi kako da me šiša. Tražio sam svoj stil, pa sam do prvog razreda gimnazije počeo i da ličim na nešto. E, onda sam se upustio u frizerajski eksperiment. To je podrazumevalo šišanje na nulu sa strane, a po sredini glave je ostajala kosa. Bio sam preteča engleskih pankera, ali ta frizura je u mom slučaju trajala jedan dan. Čim je došao sa posla i video moj novi imidž, tata je uzeo mamine makazice za nokte i dreknuo: „Indijanac, sad ćeš da vidiš kako se šišaju ovce!" Na moj vapaj o ljudskim pravima, dobio sam i dva vaspitna šamara – i onda sam do kraja postao crvenokožac.

Čuveni glumac Marlon Brando je 1973. odbio Oskara zbog neprihvatljivog odnosa Holivuda prema Indijancima. Tada sam se mislio da napišem Brandu pismo u vezi sa mojim slučajem, ali sam odustao. Verovatno ga ne bi ni pročitao. A i kad je dejstvo šamara prošlo, ponovo sam postao bledoliki. Jedino što mi je vrhovni poglavica Tata Koji Šiša, skinuo skalp. Posle tog događaja, nikada više nisam eksperimentisao sa frizurom.

Ipak, moj slučaj je nikakav u odnosu na bilo koju devojku ili ženu iz Beograda. Da bi pratile modu naše žene su morale da tapiraju kosu, nose repove, mini val, a bogami i da se farbaju u ceo spektar duginih boja. Nije ni čudo da je čuvena kletva „dabogda ti majka bila ćelava" postala realnost u glavnom gradu Srbije. Od tih silnih hemikalija koje su naše sestre, majke, tetke stavljale na glavu, spržile su korenje kao američka avijacija vijetnamska sela sa napalm bombama.

Povrh svega, nove generacije moraju da doteruju i škakljivi deo svog tela. Frizure na nezgodnom mestu imaju i imena u kozmetičkim salonima: brazilka, kodžak i firer su najpoznatije. Poslednjih godina kod nas i u svetu nije popularan žbun (Bush), pa savremene žene u tom pogledu, nimalo ne liče na svoje pretk(inj)e. One su, što bi rekli političari, „raskinule sa mračnom prošlošću".

Ruka led ledena...

Beograđani boluju od istih bolesti kao i svi drugi na planeti. Najčešće, doktori im savetuju da smanje masnu hranu i alkohol. Da bi za njih ostalo više.

Plašim se lekara, kao i sav normalan svet. Kada sam imao četiri godine, roditelji su me odveli na operaciju krajnika. Čini mi se da je ta prva trauma ostavila u meni trag do današnjih dana. Kada vidim čiku ili tetu u belom mantilu, odmah imam vrtoglavicu kao James Stewart u Hitchcockovom filmu.

Prošle godine, kada sam išao kod urologa, napokon sam i pao u nesvest. Pošto sam već u ozbiljnim godinama, otišao sam na zakazani pregled prostate. Doktor u privatnoj ordinaciji je delovao ljubazno i profesionalno. Rekoh sam sebi: „Ako već neko mora da mi čeprka po rektumu, neka to bude ovaj čovek!" Ali, malo sam se prešao.

Čika doktor je imao saradnika, nabildovanog mlađeg kolegu. Pomislio sam: „Sigurno je bio na veterini, pa je onda prešao na medicinu. Vežbao je na kobilama i kravama, a ja sam mu prvi pacijent!" Za njegovu šaku, nije postojala dovoljna velika bela gumena rukavica. Kad ju je napokon navukao do pola, krenuo je premi meni presamićenom – pao sam u nesvest. Probudio sam se posle par minuta. Momak nije stigao da me pregleda. Navukao sam pantalone i otrčao iz ordinacije, koliko me noge nose. Mesecima sam posle toga imao noćne more, kako mi se taj mladi lekar približava otpozadi. I peva hit Željka Joksimovića: „Dodir leđa o leđa, ruka led ledena"...

Doktor u Beogradu... Nije lako. Ljudi su postali nervozni i nestrpljivi, tako da treba imati mnogo strpljenja. Svaki pacijent će da se pozove na Hipokratovu zakletvu. Ona inače počinje tekstom nalik na vojničku ili pionirsku (za)kletvu: „U času kada stupam među članove lekarske profesije, svečano obećavam da ću svoj život staviti u službu humanosti"...

Sa druge strane, lekarski posao ima prednosti. Medicinske sestre! Čini mi se da nema odeće koja je izazovnija od njihovih haljinica. Al' imaju neki poseban odnos sa doktorima. Verovatno ste i vi primetili, kako te sestre u belom gledaju svoje nadređene.

Druga prednost je viski, domaća rakija, lozovača, pelinkovac, vinjak, a bogami i konjak. Zato je teško naći lekara u Beogradu koji ne pije. Pa, kako da ne šljoka, kad u kancelariji ima veći izbor pića od šanka u „Hyattu".

Dalje, prednost lekarskog esnafa je novčani prilog koji doturaju pacijenti. Vi date doktoru, jer on raspolaže životom vaših najbližih ili vas samih. Što me podseti na vic... Doktor kaže pacijentu: „Imam lošu vest i još goru!" Pacijent upita: „Koja je loša?" Doktor kaže: „Ostalo vam je još 24 sata života." Pacijent usplahireno pita: „Šta može da bude još gore?" Doktor: „Od juče pokušavam da vas pronađem!"

Skoro sam skupio hrabrost da odem do Doma zdravlja. Pregledala me mlada i lepa lekarka. Kad mi je stavila slušalice na prsa, osetio sam kao da moje srce kuca samo za nju. Ona to nije osetila, ali mi je rekla da sam dobio bronhitis. Onda je rekla da će da mi pregleda krajnike i ja sam pobegao. Ako pročita ovaj tekst, poručujem joj da mi oprosti. Sve je to zbog traume iz detinjstva. Ali, to je već tema za dr Freuda.

BG Košava
Najpoznatija košava na svetu je beogradska! Da li ste nekada čuli za rimsku ili parisku košavu? Naravno da ne. Nije što je naša, al' je stvarno najjača!

Decembar 2008. ostaće upamćen po košavi koja je ličila na one legendarne. Pala je i kompletna skela sa jednog hotela. Inače, košava je sastavni deo života u Beogradu. Neophodna je da rastera smog i osveži građanska pluća. S druge strane, izgleda kao da svaki Beograđanin baš kad košava počne da udara, baci po jednu belu kesu na ulicu. Kese iz samoposluga lete po gradu i svaka kao da ima svoju piruetu ili trostruki aksl. Umetnički dojam njihovog nastupa zaslužuje vašu najvišu ocenu, sve dok vam se kesa ne zalepi za facu. Kad se košava smiri, sve te kese se sakriju po najskrivenijim mestima. I opet se pojave kad počne da duva.

Nisam ljubitelj tog vetra. Imam utisak da se razduva uvek kad operem kosu. Kad izađem u grad, frizura mi izgleda kao da sam gurnuo prst u utičnicu. Na kraju me zaboli i glava. Ne čudi me što je košava ženskog roda. Inače, dolazi sa Karpata. Može da cepa i do 130 km na čas, a da joj policija ne naplati kaznu. Pre par godina je tako duvala da je mojoj komšinici odletela kapa sa glave u pravcu Pančeva. Na osnovu ovog primera, jasno je da beogradska košava može da bude i prevozno sredstvo. Treba samo sašiti kostim Supermena ili Betmena, sačekati povoljan nalet vetra i stići do željenog odredišta.

Moja prva spoznaja košave dogodila se u osnovnoj školi. Igrali smo fudbal u dvorištu. Šutnuo sam loptu koja je nošena tim fantastičnim vetrom pogodila čuvenog dvostrukog ponavljača Mališu iz VII3 – u glavu. Mališa mi je prišao i zavalio mi šamarčinu koja kao da je dobila ubrzanje od vetra. „Srušio sam se kao zeleni autobus teran jesenjim vetrom niz jednu beogradsku padinu" – što bi rekao Rade Šerbedžija. Čini mi se da sam bio tridesetak sekundi bez svesti. U tom polusnu, video sam svetlost i čoveka sa belom kosom i bradom. Bio sam siguran da umirem. Posle se ispostavilo da je to bio domar Joca, koji je u novogodišnjoj priredbi izigravao Deda Mraza. Kako sam pomešao Tvorca i domara, ni dan danas mi nije jasno? Verovatno me je košava naduvala. Domar je sledeće godine igrao i Hrista na raspeću. Posle smo ga jedva skinuli, pošto mu je nastavnik opšte-tehničkog jako zakucao rukav i nogavice za krst.

    Nema stanovnika Beograda, koji se bar jednom u životu nije rvao sa košavom. I dok nam cure izlučevine iz nosa, a do kostiju osećamo njenu hladnoću, znamo da nećemo posustati u toj borbi. Ona nas kali i čini nas jačim u borbi sa svakodnevnim životom. Zato smo joj zahvalni. Nemojte da mislite da će ledena beštija to da ceni, jer ona je dovoljna samoj sebi. Što bi rekli beogradski narkomani: „Blago košavi, ona uvek duva!"

Grad te čeka!
Beograd je u panici u poslednjoj nedelji decembra. Ljudi kupuju neverovatne zalihe hrane po mega marketima. Kao da posle Nove godine dolazi smak sveta!

Kao i svi ljudi širom planete, Beograđani postaju kupoholičari kako se približava 31. decembar. Žene kupuju sve od garderobe do šminke. Muškarci od praseta do jelke. A deca od petardi do raketa.

Moram da vam priznam, da i ja u ovom periodu trošim kao lud. Kupujem male sijalice za jelku – pola ih je neispravnih, razne figure Deda Mraza – bez jednog oka ili noge, novogodišnje kape – bela ćubica je otpala, piratske filmove – koje moj DVD-plejer neće da učita. Ali, doživljavam novogodišnju ekstazu trošenja i uopšte mi nije žao. Beograd je svake godine isto okićen. Gradska vlast izvadi iz podruma novogodišnje ukrase i rasporedi po gradu. I sve bi bilo u redu da posle ne vidimo kako su okićeni Njujork, Pariz ili Rim. Svetle veliki svetski gradovi kao da sve iz budžeta ulože u te svetlucave lampione. Zato bih molio naše televizijske urednike da ne puštaju te snimke. Neke stvari je bolje ne znati.

Inače, od Svetog Nikole pa do kraja decembra, po našim firmama počinje da se slavi i nazdravlja. Uvek neko donese neki viski, vinjak ili pelinkovac, pa se kuckaju čašama i oni koji se ne podnose. Dok sam bio stalno zaposlen, shvatio sam da žene piju koliko i muškarci. Samo što alkohol pomešaju sa sokom. Obično sipaju pola čaše votke i onda dodaju đus. Njima je sok potreban samo da oboje bezbojan alkohol. Ne kaže se džabe „pijan kao majka". U firmama se takođe u tim poslednjim decembarskim danima dele novogodišnji paketići za decu. Naši mali anđeli slikaju se sa Deda Mrazom, koji je obično pijaniji od većine roditelja. Čuveno „ho, ho, ho" ovde ima i pedofilsku konotaciju. Mislite li da sam gadan? Pričam vam o nepoznatom čoveku u crvenom odelu kupljenom na kineskoj pijaci, koji čeljad drži na svom kolenu i grli ih kao da su mu najmiliji! Ne bi me čudilo da svaki drugi Deda Mraz ima fejsbuk na kome se dopisuje na decom predškolskog uzrasta. Zato nije čudo da se većina dece rasplače, kada roditelji hoće da ih stave na Dedino koleno. Jer, deca znaju!

Ko ima novca i sreće u životu, par dana pre Nove godine, otići će van grada. Oni koji su u dva, tri upravna odbora, biće negde gde mogu da se bućnu u more il' okean, a oni koji su u samo jednom odboru – na neku planinu. Obični smrtnici će se boriti sa beogradskom bljuzgom, ako padne sneg, i smišljati gde otići na doček. Ako ništa ne smisle, ostaće kod kuće i sa ukućanima će da gledaju novogodišnje emisije na kablovskoj. Ne dopustite sebi taj pakao!

Mora negde da postoji provod, koji ćete da pamtite ceo život! Jer, i kad te niko ne želi na ovom svetu, Beograd te čeka! Aleluja!

Uniformizacija

Slabiji beogradski pol je ranije otkidao na uniformisana lica. Čini mi se da je tranzicija učinila svoje. Sada su na ceni kvadrati i moćna kolca. Ko ih nema, džaba mu uniforma.

Nekada je biti oficir JNA bila čast i privilegija. Titovi vojnici imali su dobre plate, stanove, a i žene su ih volele. Sećam se da sam stalno ponavljao u školi da mi je tata vojno lice. Nekako mi je zvučalo snažno i patriotski. Tata se skoro šlogirao kad mu je moja učiteljica čestitala što je postao major, a nije ni vojsku služio! Narednih par dana, terao me je da mu salutiram, kada god prođem pored njega u stanu. Mom bratu se to dopalo, pa je ćaletu salutirao i kad ga vidi ispred ulaza. Obraćao mu se sa „druže stari", sve dok mu „drug stari" nije lupio vaspitnu dangu.

Inače, Novi Beograd je bio ključno mesto okupljanja beogradskih oficira u to vreme. Naime, tu su ih većinu naselili. Imali su privilegiju da letuju u vojnim odmaralištima širom Jadrana. Kad se raspala SFRJ, nekako se i ta uniforma ofucala – kao da su je izjeli moljci. Zato ih žene više i ne vole.

Piloti su uvek bili ženski favoriti. Valjda zato što očekuju da ih letači u krevetu dignu u nebesa. O tome se pisalo i u ljubavnim romanima. Svakako da je to i potvrdila ekranizacija „Ranjenog orla". Možeš greškom da opališ udovicu i niko neće da ti zameri. Najmoćnije je izgledala pilotska uniforma nekadašnjih JAT-ovih radnika. Često sam u ulici Lole Ribara (Svetogorska), viđao jednog takvog. Kad on prođe, kao da je prošao Zagor ili Fantom, tako smo mi klinci iz kraja blenuli u njega. Kada je počela hiperinflacija 1993, video sam ga kako stoji u redu za hleb. Nije izgledao kao ranjeni orao. Više je ličio na goluba, koji čeka da dobije parčence hleba. Kao i svi mi.

Stjuardese su posebna priča. Nedostižne devojke sa kojima su se zabavljali najlepši momci iz kraja, izazivale su uzdahe gde god prođu. Čini mi se da ih nikada nisam video u običnoj garderobi. Uvek su imale tu divnu odeću na sebi. Suknjica, košuljica, čarapice, štiklice. Ih! Putovale su od Njujorka do Sidneja i slavile lepotu naše zemlje. Neke – sada tetke – o kojima sam maštao i dan danas rade u JAT-u. Na liniji Beograd-Tivat. To mu dođe kao kad poznati fudbaler karijeru završi u drugoligaškom klubu iz kojeg je i potekao. Što reče Nele Karajlić: „Ko igra za raju i zanemaruje taktiku, završiće karijeru u nižerazrednom Vratniku".

Od uniformi koje se viđaju u Beogradu, najviše ima plavih. Valjda zato što imamo mnogo policajaca. Nekadašnje čike u plavom bile su brkate, a današnja policija je modernizovana i u svom imidžu. Inspektori se oblače po poslednjoj modi, a brkove više ne nose ni oni u kućicama ispred ambasada. Nekada je građanstvo sarađivalo sa milicijom, pa se čak i dogodilo u Bulevaru revolucije da su građani trčali da uhvate atentatore koji su pucali na turskog ambasadora. To se desilo 9. marta 1983. godine. Ko bi rekao da će samo osam godina kasnije, na isti datum 9. marta, doći do intervencije milicije protiv tih istih građana?! Ali, što bi rekli: „Istorija je učiteljica života" – u kombinaciji sa vodenim topom.

Nekako u senci svih ovih uniformisanih lica, ostaje zanimanje poštara. Ranije je to bio tihi čovek u uniformi, koji je godinama donosio pisma i novogodišnje čestitke. Voleli smo ih, jer su bili pošteni i nenametljivi. Danas se tim poslom bave mlađi ljudi, u čiji rok trajanja niko nije siguran. A i više mi niko ne piše. Osim države i telefonskih kompanija.

Kakav takav život

Beograd je u poslednjih devet godina doživeo promene, kao kad žena uradi silikone i liposukciju. I onda kada gledamo tu ženu, pitamo se da li je ona lepša nego što je bila.

Naš grad je u tranziciji, ma šta to značilo. Mnogo ljudi je dobilo otkaz, firme su zatvorene, a ne vidi se perspektiva ili bolji život. „Bolji život" se gleda non-stop, jer ga stalno repriziraju na RTS-u, a gledaju ga i oni koje (moderno) zovu tajkunima ili kako Romi kažu – tajfunima.

Tajkuni su puni para i pričaju kako se bore za svoje radnike, a plaćaju ih kao da su berači pamuka. Beograd je video bolje dane pre ovih modernih gusara. Roditelji su radili u državnim firmama od kojih su dobijali stanove. Od današnjih firmi možete da dobijete samo otkaz kao tehnološki višak ili, u najboljem slučaju, neradni dan za slavu koju slavite.

Beograd u tranziciji ima i svojih momenata koji liče na pozitivne. Može da se kupi stan ili bilo koji model automobila, kao i svuda u svetu. Naravno, ako ste budala i uzmete kredit. Jer, banke u Srbiji su posebna priča. Kao što se špekulisalo da ako pustite unazad ploču The Beatlesa čujete đavolje poruke, tako i pakt sa bankom ima veze sa Luciferom. I dok je priča u vezi Buba izmišljotina koju je plasirala CIA, dil naivnog Beograđanina sa bankama siguran je put do pakla!

Imam prijatelja za koga sam siguran da će pukne kao onaj crnac u Americi što je skoro roknuo celu familiju zato što je ostao bez posla. Zato svako veče zovem ženu mog ortaka. Čim se javi na telefon, spustim slušalicu. Dok se javlja, dobro je.

Što se tiče para stranih investitora, videćemo ih – ali samo u njihovim džepovima. Strani investitori ulažu isključivo u sebe, a Beograd je grad kao i svaki drugi za njih. Njihove simpatične izjave da imamo super klopu, prelepe žene i urođenu gostoljubivost, lepo su zvučale samo u prvim mesecima tranzicije. Sad nam je jasno da su oni tu zbog sebe, a mi smo tu gde smo, jer smo mislili da smo najpametniji na svetu. I, naravno, opet smo dokazali teoriju da je glupost neuništiva.

Tranzicija u Beogradu je prelazni period između neživota i kakvog takvog života.

U samoposlugama ima šunke, penzije stižu na vreme, a samo pre dvadesetak godina sve je bilo potpuno drugačije. Stajali smo u redu kod Dafine i Jezde i sanjali da postanemo bogati. I postali smo bogatiji jer smo naučili ono što smo već znali, a to je da je Darwinova teza tačna. Čovek je nastao od majmuna. Pitajte bilo kog Beograđanina u tranziciji, ako ne verujete.

Alo, alo

*Beograd je grad u kome možete da saznate sve!
Ko od političara ima švalerku, ko od glumaca pije za
medalju ili koja pevačica ne nosi gaćice.
Samo se treba obratiti pravim informatorima.*

U najboljoj službi za informacije u Beogradu su taksisti i konobari. Ako živite u glavnom gradu, a ne vozite se taksijem ili ne idete u kafiće i kafane, bolje i da ne živite u njemu. Bićete, što bi rek'o naš narod, „slepi kod očiju". Jer, oni sve znaju!

Pošto ne vozim automobil, često koristim taksi prevoz. Pre par godina jedan taksista mi je ispričao da je čuo da je Prljavi Inspektor Blaža pravi inspektor u MUP-u. Počeo sam da ga zapitkujem o poslu kojim se nikada nisam bavio. Uglavnom, taksista je na kraju zaključio da je Blaža dao otkaz jer više nije mogao da izdrži pritisak. Kad sam mu rekao da lično znam čoveka i da nikad nije radio u policiji, taksista mi je odgovorio: „Eto, vidiš, burazeru. Ti si mislio da ga znaš, ali ga uopšte nisi poznavao!"

Taksisti su vrhunski stručnjaci za sve oblasti života: ekonomija, ljudska prava, fudbal, alternativna medicina, bela tehnika, opijati i nuspojave, a o politici da ne pričamo. Vaše je samo da započnete razgovor, a onda će taksi guru da vam objasni zašto se otapaju lednici na Antarktiku ili zašto će Obama da bude predsednik samo jedan mandat. Ako volite takvo druženje kao što ja volim, uživaćete maksimalno. Sve te priče posle pričam mojim prijateljima kao da su moje, a kad me pitaju kako sve to znam, kažem: „Ko vam je kriv, kad imate vozačku dozvolu, pa nemate pojma kuda svet ide!"

Konobari imaju drugačiji sistem informisanja zainteresovanih. Pošto nema mnogo vremena da ćaska sa mušterijom, kelner mora da bude sažet i precizan. Recimo, ako ga pitate za onu malu plavu za susednim stolom – odgovara k'o iz topa: „Kurvica, tu iz kraja". I to je sve što treba da znate. Tu iz kraja znači da je čest gost, a ono prvo da možda imate šansu. Konobari su zahvalni i kao rame za plakanje. Doduše, to važi i za taksiste. Možete sve da im kažete, sve što vas muči. Pažljivo slušaju, a na kraju dobijete i neophodan savet. Vaše je samo da pratite uputstva i život će krenuti u pravom smeru.

Sad se izvinjavam, jer moram da odem do lokalnog kafića, da od konobara saznam na koje parove da se kladim u Ligi šampiona. A, posle idem taksijem do grada. Moram da saznam i koji će loto brojevi biti izvučeni u utorak.

Svadba, svadba...
*Beograđani prave svadbe, kao i svi svadbari u Srbiji.
Jedino što puškom ne skidaju jabuku sa drveta. Jer, mogli
bi da pogode komšiju, pre nego jabuku.*

Vikendom je gužva po beogradskim restoranima. Uglavnom, zbog svadbarenja. Oni koji ne vole četiri zida, svadbu prave ispod šatora. Provod je sličan kao i u restoranu, jedino što muzika nema gde da beži, ako pijani svatovi odluče da lemaju harmonikaša ili pevača. Inače, protokol svadbe je manje-više poznat i pre početka. Prvo se mladenci venčavaju u crkvi, a onda se ide u restoran. Mladenci sede sa kumovima i roditeljima, a orkestar svira laganu muziku za uvod. Gosti stižu doterani i prilično smerni. Konobari počinju da služe rakiju, viski, pelinkovac, martini i atmosfera je već prijatnija. Muškarci otkopčavaju sakoe dok čekaju da muzika zasvira zvuke rodnog kraja. Kada mladoženja i mlada odigraju valcer, sve se ubrzava. Predjelo, pivo, vino, supa, kolo, „Zlatibore pitaj Taru", sarma, rakija na eks, toalet, košulja znojava ispod pazuha, prasetina, jagnjetina, „Ostariću neću znati", trubači i „Pijem da je zaboravim".

Kada venčani par ode kući ili u hotelsku sobu, prvo broji pare; ako mladenci izračunaju da su na nuli utonu momentalno u san. Prva bračna noć je, u stvari, druga. Ako je mlada trudna, onda nema potrebe za forsiranjem.

Već je postalo pravilo da matičar dolazi na svadbu u restoran i da tu uzima izjave mladenaca da li dobrovoljno stupaju u brak. Svi se smejemo na istim mestima. Posebno, ako mlada zadrži svoje prezime. Do sada nikada nisam bio na venčanju a da je mladoženja uzeo mladino prezime, ali verujem da se i to događa.

Beograđani su mekaniji soj od ostalih muškaraca iz Srbije. Beograđanke su emancipovane i svesne žene, a i često zarađuju više od budućih životnih partnera.

Tekst koji se čita na tim venčanjima je od čika Duška i uvek je uživanje čuti njegove genijalne rečenice: „Savetujemo vam da ne žurite, da štedljivo trošite reči i osećanja. Nemojte odmah potrošiti sve. Rasporedite svoju ljubav i uzajamno poštovanje na svaki dan zajedničkog života".

Nažalost, mnogi parovi kao da nisu bili prisutni dok je matičar ovo čitao. Zato razvoda ima više nego ikada. Po statistici, svaki peti par se razvede. Nisam u toj petini, pošto sam u braku već deceniju i po. Plašim se alimentacije k'o đavo krsta, ako je poređenje dobro... Ćutim i plivam. Nekad prsno, nekad kraul, a najčešće leptir stilom. Hm, taj leptir me podseti na svadbu na kojoj sam rekao „da". Kao da je juče bilo.

Kupio sam jedino odelo u životu. Kupio sam prvi i poslednji put belu košulju. Kao što bi u seriji „Grlom u jagode" legendarni Bane Bumbar rekao: „Tada sam napokon postao čovek". Mama i tata su plakali od sreće, a moji prijatelji koji su već bili u braku plakali su od smeha – uglavnom, zbog leptir mašne.

Od tad, kad odem na nečiju svadbu ne nosim leptir mašnu, ali su mi leptirići u stomaku jer se setim sebe kad sam bio mladoženja. Ipak je to jedan od najlepših dana u životu. A i mlada je uvek najlepša na dan venčanja. Zato se neke žene udaju po pet, šest puta. (Zamislite, to je pet, šest alimentacija!)

Sladak život

Ispijanje kafe u Beogradu je, kao i u celoj Srbiji, poseban ritual. Iako se kafe služe na razne načine, iako postoje razne kafe, crni napitak ovdašnji belci piju u, takoreći, religijskom raspoloženju.

Kafa za većinu posvećenika podrazumeva i cigaretu. Zbog zabranjenog pušenja po kancelarijama, ispred firmi možete da vidite strastvene pušače kako duvane, a kafu ispijaju iz najgore moguće posude – plastične čaše. Za mene je ta čaša jedan od najgorih izuma na svetu. Ne znam da li više mrzim kad mi sipaju pivo, rakiju ili kafu u tu plastiku. Imam osećaj kao da pijem da bih pio.

Zato ne volim ni dečje rođendane. Kad mi daju onaj glupavi kartonski tanjir sa slikama Paje i Šilje, a na njega treba da stavim ćevape, pljesku i salatu, osećam se kao kad gledam finale Lige šampiona na mobilnom telefonu. Da im makar nisam kupio bermude i jaknicu za 4.000 dinara u „Zari"! I to na popustu!

Ali, da se vratim kafi, omiljenom napitku na ovim prostorima. Spada u red niskih biljaka i postoje dve glavne vrste: arabika i robusta. Ova druga se više koristi za instant kafu.

Inače, Beograd je imao kafanu pre Beča, Pariza i ostalih evropskih metropola. Već 1521-1522 godine, Turci su na Dorćolu otvorili jedan objekat u kome se služila kafa. Danas kafana ima mnogo manje nego nekada.

Novo vreme donelo je i nove objekte za ispijanje kafe koji se zovu kafići. Samo ime kafić nema težinu kao reč kafana, pa je zato i ispijanje kafe malo drugačije. U tu modernu kafu sipa se sve i svašta: od mleka do šlaga, liker od badema i mentola i cimet. Svi ti sastojci nisu bitni, jer ako je kafa loša i nekvalitetna ne pomaže nikakav dodatak. Ponekad i ja srčem taj miks svega i svačega, a u glavi mi samo jedna misao: „Da mi je da popijem onu čuvenu kafu na bilo kojoj autobuskoj stanici duž Srbije i to iz bele šoljice sa plavom štraftom pri vrhu i da je začinim ratlukom".

Osim cigarete, koja je sastavni deo pravog kafenisanja, bitan sastojak svakako je razgovor. Dok ispijate gutljaje crnog napitka, možete da ćaskate sa komšinicom, kolegama, ekipom iz kraja, a ponekad i sa voljenom osobom. Kafu je najslađe piti uz priču koju samo kafa može da podnese.

Pre par dana, pozove me drugarica iz bivše firme. Kaže – „moram nešto da ti ispričam". Kad smo seli u kafić, ona je tražila makijato koji je, u stvari, espreso sa malo mleka, a da bih olakšao zgodnoj kelnerici, naručim isto.

I ona počne: „Znaš mog Milana. Zabavljamo se već tri godine. E, pa, juče sam ga uhvatila kako se ljubi u kolima sa mojom najboljom drugaricom Majom. Kad sam ih videla, poludela sam od besa. Polomila sam mu oba retrovizora i ključem izgrebala celu haubu..." Ono što je usledilo posle haube ne želim da prepričavam, ali sam primetio zadovoljstvo u glasnom srkanju kafe. Srkanje je slađe što je akcija opakija. Verovatno ću na kraju da izmislim nauku o kafologiji i na osnovu kafa da profilišem ljude.

Na primer, hladnu kafu piju ljudi koji ne znaju da tračare, slatku piju nervoze, kafu sa mlekom piju nezreli, gorka je za hrabre... A, seksomani su oni koji zabodu prst u soc i zamisle želju.

Kraljević ili prosjak

Niko se ne seća kako je sve počelo. Pre su stariji i klinci igrali krajcarice (bacanje novčića do zida, pa k'o bliže), a sada su svi u kladionici. Do poslednje (bačene) pare!

Kada Beograđanin ode u penziju, ne igra šah sa ispisnicima, već odmah ide da uplati tiket. Ko ne veruje, neka prođe Kalemegdanom u bilo koje doba dana. Prazno je kao na Bulevaru kada prođe komunalna policija.
Ljudi bacaju pare zbog Evrosonga, predsedničkih izbora, pasa i konja. Klade se i na Velikog brata, a verovatno se već neko kladio i na pobednika u tucanju jajima u Mokrinu ili na autora najveće pljeskavice u Leskovcu.
Iako je maloletnicima zabranjen ulaz u kladionice, oni redovno uplaćuju tikete. Kažu – ćalci ih poslali, mada ih niko i ne pita. Jer, kladionice su postale pravi hramovi fudbala. A, kako da zabraniš deci da veruju u nešto? Makar to bilo iz iksa u kec.
Moj prvi kontakt sa klađenjem bio je pre par godina. Ničim izazvan ušao sam u jednu od tadašnjih kladionica u kraju. Unutra, face kao u iračkom filmu. Svi sa bradama, crni od dima duvana i sa podočnjacima. I svi gledaju u ekrane pri vrhu plafona. Da li će da im se ukaže rezultat koji će da im promeni život bar na kratko?
Na prstima sam došao do šaltera i rekao: „Hoću da probam." A devojka što je kucala tikete uz smešak odgovori: „Pa, probaj. Možda ti se i posreći!" Zbunio sam se. Gledam u onaj njen dekolte iz kojih vire dve golubice i sve mi se zavrte u glavi. Nagnula se da uzme kafu sa pulta, a u mojoj glavi njene gugutke zalepršaše. „Voleo bi

da ih pomazim, ali došao sam drugim povodom" – uspeo sam da se smirim nekako u sebi. Pogledao sam u parove na ekranu, progutao pljuvačku i glasno rekao: „Bajern će da dobije Borusiju, Liverpul će da izgubi od Totenhema, Inter će da igra nerešeno sa Sampdorijom, a Atletiko Bilbao će da izgubi od Barselone sa četiri gola razlike!"

U tom trenutku, sve je stalo. Kao u špageti vesternima, samo su se videle oči kladioničara koje su gledale u mene, intezitetom divljeg vepra pred parenje. I onda sam shvatio. Pravi kladioničar nikada ne deli parove sa nepoznatima. Sa drugom ili komšijom može, ali da odaš mukotrpno sastavljeni tiket svakom ko je blizu tebe, to je već ravno samoubistvu.

E, šta ih je mučilo? Da li sam kolaboracionista, tj. sarađujem sa kladionicom, ili sam budala koja ima dojavu? U svakom slučaju, kada sam se okrenuo da izađem, takva gužva se stvorila na šalteru, kao da se besplatno dele taze znojavi dresovi Mesija ili Ronaldinja. Svi su hteli da vide, šta sam uplatio.

Ono što celoj priči daje čudan šmek je da je taj tiket prošao. Pored svega, Barsa je dobila sa 5:1. Godinama kasnije, sretao sam neke od prisutnih tog dana, koji su me uvek isto pitali: „Onog dana si imao dojavu za Bilbao, priznaj?!"...

Sada retko igram, izgleda da me taj pobednički osećaj napustio. Promašujem i naizgled najlakše parove. Najčešće idem u kladionicu u mojoj ulici. Ime je dobila po čuvenom kompozitoru koji je pravio muziku za večnost, a današnji klinci misle da je pravio muziku za mobilne telefone. Odigram kombinaciju koja sigurno dobija... dok se ne razvrše utakmice tog dana. Naravno, totalni promašaji! Baš kao u životu.

Zato kladionice i imaju toliko uspeha u našim krajevima. Jer, nikada se ne zna kada ćeš od kraljevića da postaneš prosjak. Dovoljna je jedna stativa ili ofsajd.

Ne uznemiravaj!
*Nuždu možete da vršite bilo gde u Beogradu.
I veliku i malu. Ali, od vas zavisi da li ćete to da uradite u
parkiću uz drvo kao pas ili u javnom toaletu – kao čovek.*

Jedna od najvažnijih stvari u životu svakog čoveka je WC. Ako niste znali (ja nisam do juče!), WC je skraćenica za water closet, a to u prevodu znači vodeni ormar. Ovo nije i tako blesavo, jer sam jednom prisustvovao sceni kad je moj kum, na žurci dobro nalizan, obavio malu nuždu u ormaru naše drugarice.

Ključno mesto u kući je WC. Najvažnije je da smo u stanu imali dva komada – jednu prostoriju sa šoljom i lavaboom, i drugu sa šoljom i svim što čini veliko kupatilo. Tako da se skoro nikad nisam poklapao sa najmilijima. Prva asocijacija na WC je – čitanje. Šta sam ja tu sve pročitao, to je teško nabrojati!

Sad sam smislio tri kategorije: (a) stripovi, (b) knjige i (v) razno. Društvo su mi pravili Zagor, Veliki Blek, komandant Mark... Što se tiče knjiga, čitao sam sve što sam mogao da ponesem dok trčim prema objektu: „Fukoovo klatno", „Rat i mir", „Idiota", pa čak i „Kugu" Alberta Camusa. Hoću reći, nije uvek sve išlo glatko kada sam išao na to mesto.

Poslednjih godina čitam porodične magazine, rešavam ukrštene reči... To isto radim i kada odem na neko putovanje ili u goste rodbini. Moram da čitam nešto, pa makar i uputstvo za upotrebu mašine za veš. Jedan od najsmešnijih događaja koji ima veze sa toaletima, desio mi se na surčinskom aerodromu. Dok sam čekao avion za Tivat, pritisla me je velika nužda. Nađem WC u prizemlju i fino se smestim, kad iz susedne kabine čujem glas: „Pa, gde si, legendo?" Bilo mi drago, što me tako neko oslovljava i što me prepoznaje po stenjanju, ali i neprijatno zbog mesta na kom se nalazimo. Ali, on nastavi da zapitkuje: „Pa, nema te, bre!? Ne viđam te u poslednje vreme." Tu se ja opustim, čujem prijatan čovek, pa mu odgovorim: „Tu sam, tu sam. Nisam nešto imao posla." On će ponovo: „Šta planiraš da radiš?" Odgovaram glasnije i slobodnije, mada i dalje ne prepoznajem glas: „Idem u Crnu Goru na odmor. Da se odmorim, a onda da se bacim na posao!" I onda čujem: „Slušaj, moram da prekinem vezu. Budala iz toaleta do mene misli da pričam sa njim!"

Ova anegdota kruži internetom, ali niko ne zna da sam ja bio ta budala. Osim vas!

Hoću lutku!

Rođendane su Beograđani i njihova deca nekada proslavljali u stanu. Sada se za taj dan iznajmljuju kafići i klubovi. U stan se dolazi samo kad neko rikne.

Rođendan je, navodno, jedan od najlepših dana u životu svakog Beograđanina i onog koji se oseća tako. Na dan rođenja, postali smo stanovnici ove čudesne planete. Gajimo gene naših roditelja i predaka, unikatne i neuporedive, ali i dodamo mrvicu sve uvrnutijeg života.

Zašto onda taj dan sve manje slavimo, a kad ga slavimo biramo zagušljiva mesta u koja možda više nikada nećemo kročiti?

Moja prva sećanja na rođendane datiraju još iz predškolskog uzrasta. Obično sam dobijao idiotsku pidžamu na štrafte od bake ili deke, a od mame i tate ni to. Valjda im je bilo dovoljno što su me rodili i što na svu domaću i svetsku krizu u tom dvadesetom veku, moraju još i mene da hrane. Znam samo da sam prvu igračku dobio kad sam imao četrnaest godina, a tada sam već uveliko listao „Playboy". Kupili su mi robota iz neke popularne serije, a meni je bila potrebna lutka na naduvavanje. Ali, to me je ojačalo za ceo život!

Što se tiče proslave rođendana u kasnijem periodu, najviše pamtim nezaboravne sendviče iz osamdesetih. Za one koji ne znaju, pravili su se na parčićima francuskog hleba na kojima je bio majonez, šunka, krastavac i narendani kačkavalj. Taj neverovatni ukus ostaće mi zauvek u sećanju. Torte su bile kao iz bajke. Pravile su ih vredne majke i bake i prosto se takmičile koja će da napravi bolju poslasticu. Današnje majke se ne bakću trivijalnim stvarima. Naruče slatkiše u lokalnim poslastičarnicama i to je to.

Ono što je najgore, beogradska deca u 21. veku ne žele da slave rođendan u svom stanu. To je blam, kažu. Roditeljima ostaje da nađu koliko toliko povoljnu cenu za prostor koji će da iznajme, da bi se njihovo čedo veselilo uz hitove za (ne)zaborav.

Nekada je slavljenik morao da ima bar dvadesetak gramofonskih LP ploča i još toliko singlova u kolekciji. A i dobijao bi na poklon najnovija izdanja. Muziku je obično puštao onaj koji je najbliži gramofonu, a morao je da ima izgrađen muzički ukus. Što je najvažnije, puštač ploča je imao žar u očima. Videlo se da mu je stalo da napravi štimung. Pa, onda onaj čuveni set stiskavaca od „Nights in White Satin" do „Angie", kada napokon sa svojom simpatijom igrate obraz u obraz.

Sećam se, da mi je jednom toliko gorelo lice od uzbuđenja što igram sa Nevenom iz susednog razreda, da sam morao da posle hladim glavu hladnom vodom u hladnom kupatilu slavljenice.

Inače, ove godine odlučio sam da napravim rođendan u stanu, kao nekada. Jedva čekam da vidim šta će da mi poklone prijatelji. Možda se neko konačno seti lutke na naduvavanje. A onda ćemo svi zajedno da zapevamo: „Danas nam je divan dan"...

Medicina za bubrege

Pivo je svakako jedno od najvoljenijih pića na ovom svetu. Stanovnici Beograda piju ga sa jednakim žarom kao i čuvene pivopije Nemci, Irci i Česi.
Barem smo u nečemu među prvima.

Retko koji Beograđanin nije popio bar jedno pivo za života. Opet ima i onih drugih, koji su ga popili za dva života. Za razliku od Coca-Cole, svi sastojci piva se znaju. Pravi se od kvasca, hmelja, ječma i vode. Iako spada u alkoholna pića, voda je glavni deo napitka. Verovatno zato toliko često idemo u WC posle konzumiranja piva.

Postoje neke potpuno nebulozne teorije da ga piju samo ljudi slabijeg obrazovanja i plićeg džepa, a već odavno se zna da ga konzumiraju svi društveni staleži. Od engleske kraljice do Clinta Eastwooda. I ja spadam u grupu obožavalaca ovog čudesnog pića. Prvi put sam ga probao prilično kasno. Imao sam čak sedamnaest godina. Popio sam prvu čašu tada popularnog „BIP" piva i zaspao. Kada su me drugari probudili iz pivske kome, samo sam izustio: „Ljudi, pa ovo je odlično!" I opet zaspao.

Sledećih par godina, intenzivnije sam vežbao ispijanje piva i sticao potrebno iskustvo. Naravno, i dalje mi se događalo da me pivo zavede i prevari. Jednom sam toliko popio da sam posle celu noć „bacao peglu". Čini mi se da sam iz sebe izbacio i poslednju kap hmelja. Glava mi je sutradan bila kao glava Jurija Gagarina sa skafanderom. Lebdeo sam po kući u bestežinskom stanju, sve dok mi tata nije odao poznatu pivsku tajnu. Rekao mi je: „Sine, pivo se pivom izbija!" Otvorio mi je legendarnu zelenu flašu piva i dao da popijem. Posle prvog gutljaja, osetio sam da mi se život vraća u telo. Gledao sam u oca sa strahopoštovanjem kao Asteriks u druida koji mu daje čarobni napitak. Preneo je tajnu sa oca na sina. Znao je da sam spreman da sledim njegov put. Rekao sam: „Otvori, ćale, još jedno. Pa da se kucnemo!" Uh, upade mi suza u čašu piva iz koje sad pijem, kad se setim tog istorijskog događaja. Bio je to mali korak za mene i još jedan mali, ali važan korak za pivsku industriju.

Posle toga, ništa više nije bilo isto. Pio sam i iz krigle mala i velika piva: crno, svetlo, točeno, sa penom i bez pene, a kad nije bilo hladnog čak i toplo – k'o čaj u podne. Konzumirao sam ga ispred kioska, dragstora, supermarketa, tržnog centra, u avionu, a jednom čak i pod vodom. Malo je falilo da postavim rekord u boravku pod vodom, ali ne na dah, već na gutljaj.

Nije bitno da li ste student, radnik, taksista, zubar, pesnik, novinar ili spasilac na bazenu. Najvažnije je da uzmete pivo i postanete deo najodanije grupacije na svetu, ali da imate meru! Za svaki gutljaj vaše telo će biti nagrađeno B vitaminom, pa čak i magnezijumom, kalcijumom i cinkom.

Ne kaže se za džabe: „Dok pivo kroz organizam teče, bubrezi se leče!" Mislim, kaže se za džabe, ali i pivo košta...

Bolje ispasti glup nego iz autobusa
Grafit nije samo škrabanje po zidu. Grafit je više od poruke! Grafit nije samo crtež u boji. Grafit je život u boji! Grafit je stav! A Beograd voli ljude sa stavom! Pogotovo one koji i lepo crtaju!

Prvi savremeni grafiti nastali su u njujorškom metrou. Momak koji je sve počeo potpisivao se kao Taki183. Grk Demetaki spojio je nadimak i broj bloka u kome je živeo, a mladi širom sveta shvatili su da je vreme za umetnost ulice. Priča se da su najbolji nemački lakovi, ali mogu da se koriste i lakovi drugih proizvođača. Posebno, ako još niste oprostili Nemcima što su započeli 2. svetski rat ili nas onoliko puta razbili u fudbalu.

Pošto nemam prostora da dočaram sve te neverovatne beogradske grafite u boji, skrenuću pažnju na one zakon poruke.

Legendarni radio voditelj i izdavač Dača Kocjan sačuvao je grafite od zaborava ali i kreča. Naime, Dača je učinio ono što nikome nije palo na pamet da uradi. Vredno je sakupljao umotvorine nepoznatih i poznatih tvoraca pisanija po zidovima i sve to objavio u nekoliko knjiga od kojih su najpoznatije „Epruveto, srećan ti 8. mart", „Buka u modi" i „Ovaj zid je poklonjen Maji". Poput Vuka Karadžića, marljivi Dača čitao je urbane misli naših sugrađana i dokazivao da smo, u stvari, baš duhovita nacija. Ubrzo je podstakao ljude da mu šalju grafite u pismima, pa su neki grafiti tako evoluirali u viceve i aforizme. Ako vas mrzi da obilazite Beograd u potrazi za grafitima, onda pravac u najbližu knjižaru ili antikvarnicu, pa pronađite pomenute naslove. Jedan od mojih omiljenih je u naslovu još jedne Dačine knjige.

Grafit „Kad ja tamo a ono međutim" je sa zida samoposluge „C market", na uglu Takovske i Svetogorske. Naravno da ga više nema. Nema više ni „C marketa". Kao u poslovici: „Jedan se otegao, drugi se protegao". Hm, dobro bi došla kao grafit na tom zidu...

Pored toliko nezaboravnih grafita teško je izdvojiti najbolje, ali probaću. Da krenem od „Čuvajte mi Jugoslaviju. Dobar je to hotel", pa da nastavim sa „U tvojim rukama je budućnost ove zemlje" (WC na Mašinskom fakultetu). Još je luđi „Bila je kao boginja. Svi su je preležali".

Ne smem da izostavim reči Duška Radovića koje je neko ispisao na skadarlijskom zidu: „Ko se za šta borio, vidi se po tome šta je stekao". Izgleda da je bezvremeni grafit prava slika Srbije: „Ko umre u jesen, za njega nema zime". U ulici Džordža Vašingtona bio je ispisan sledeći: „Adam je sreo Evu i okrenuo drugi list", a u Bulevaru despota Stefana „Bolje vutra nego bolje sutra" (nekada) i „Hoćemo u Aziju" (sada).

Samo jedan primer da i predgrađa ne zaostaju: „Nismo zgodni al' smo nezgodni" (bespuće Zrenjaninskog puta).

Jasno vam je da ovako mogu da ređam u nedogled. U tome je čar ovih poruka. Setim se jednog, dok ga kucam – setim se drugog...

Reč grafit nastala je od italijanske graffito, što znači škrabati, a koren vuče od stare grčke reči graphein – pisati. Predstavljaju slanje poruka na javnim površinama u pisanoj ili likovnoj formi. Tako sam jednog klinca prekinuo dok se potpisivao na zgradi Doma omladine. Izgleda da me je pratio do zgrade, jer je ujutru ispod mog prozora osvanula rečenica: „Svega ovoga ne bi bilo da je Pera otišao pravo u policiju."

Pitanje je sad: Maldivi ili Beograd
*Beogradski pečalbari raštrkani su širom planete.
Neki žive i u mestima za koje pre nismo ni znali da postoje.
Njihova priča je, u stvari, naša priča.
Jer, sa njima je otišao i deo nas.*

Kada sam bio mlađi, mislio sam da znam šta znači pojam gastarbajter. Stanovao sam u ulici, u nizu zgrada koje su pripadale Saveznom ministarstvu inostranih poslova. Mnogi stanari bili su naši ambasadori po belom svetu. Živeli su u inostranstvu, u proseku, po četiri godine. Onda nazad u majku Jugoslaviju (sada imamo novu majku; mada se stariji sugrađani i dalje kunu u staru majku koja ih je odgajila).

Tadašnji funkcioneri boravili su na radnim zadacima po belom svetu, ali po isteku mandata bili su vraćani u kancelarije u Palati federacije ili gde već. Ovi, koje sam znao iz ulaza i iz susednih zgrada, uživali su u beneficijama minulog političkog rada. Njihov boravak u stranim zemljama podrazumevao je lagodan život sa obezbeđenjem, kuvarima i sobaricama, dok je klasičan gastarbajter iz Titovog perioda, dirinčio po Frankfurtu, Minhenu ili Diseldorfu. Značenje reči gastarbajter (nem. Gastarbeiter, gostujući radnik) oznaka je za ljude koji žive i rade u stranoj zemlji, dok su rodom i delom sudbine povezani sa matičnom zemljom u koju dolaze za vreme godišnjih odmora. Dolazili su najčešće u mercedesu 123. Znalo se: ko je u toj makini, taj je uspeo! Legendarni automobil i dan danas je omiljeno radno mesto beogradskih taksista.

Kada na odmor u Beograd dođe nova generacija gastarbajtera, uglavnom se zgražavaju kad vide starije automobile od pet godina. Ti gastarbajteri su nešto najbolje što smo poslali Evropskoj uniji a i dalje poslednjih dvadesetak godina. Znanjem i mukotrpnim radom demantuju čuvenu priču o našoj lenjosti.

Većina je otišla početkom devedesetih godina, kada je Beograd postao nesiguran grad za život (a sad je kao siguran?!). Odlazili su u Ameriku, Južnu Afriku, Španiju, Veliku Britaniju, pa čak i na Novi Zeland. Tih godina, kontakt sa našim najmilijima u tuđini postao je noćna mora. Telefonski računi su bili astronomski, ali to je bio jedini način za komunikaciju.

A onda se dogodilo čudo. Pomoću interneta i Skajpa, druženje sa našim dragim sestrama, braćom, kumovima, prijateljima, postaje i naša svakodnevica. A oni kao pravi gastarbajteri sve češće dolaze na letnje raspuste. Dok provodimo vreme sa njima smejemo se, ozareni smo. Majke im spremaju omiljena jela, a tate puštaju suzu dok se igraju sa unucima koji jedva da govore maternji jezik.

Zabrinjava što donose sve manje poklona! Imaju miran i siguran život, nove fine komšije, najnovija kola i kuću kupljenu na kredit, zdravstveno osiguranje, čak i drugare kojima bezuspešno pričaju beogradske fore na engleskom, francuskom, španskom... Sledeće godine neće moći da dođu u maticu, jer putuju na Maldive „dok još nisu potonuli".

Uzaludno je recitovanje Šantićeve pesme: „Sunce tuđeg neba, neće vas grijat' k'o što ovo grije, grki su tamo zalogaji hljeba, gđe svoga nema i gđe brata nije."

A jesi li čuo onaj vic...

Beograđani vole da pričaju viceve. Kad vam neko ispriča vic, vaša je dužnost da mu odgovorite sa onim koji vi znate. Pričaju se na poslu, u autobusu, na sahranama. Čak se i pokojniku nasmeši brk kad čuje dobar vic.
Ali, on nije Chuck!

Pričanje viceva u Beogradu je normalna stvar. Ne postoji stanovnik glavnog grada, a da nekada nekome nije ispričao neki vic. Beograđanin priča viceve o svima i o svemu. Neki su smešni uvek, a nekima rok prođe za par dana.

Kada prijatelj želi da vam ispriča novu šalu, obično počne pitanjem: „E, jesi li čuo onaj vic?"... Jedno vreme su bili najpopularniji vicevi o plavušama. Na primer: „Koja je razlika između kompjutera i plavuše?" Odgovor: „Informacija u kompjuter se unosi samo jednom".

Inače, vicevi o plavušama su najsmešniji kad ih pričaju one same. Ako ste nekada imali tu sreću, znate o čemu pričam.

Vicevi o policajcima spadaju u najomiljenije. Kao onaj: „Polagali policajci test. Pita mlađi policajac starijeg: 'Kolega, a što rastaviše nas i kerove?' A stariji pandur će: 'Pa, da ne prepisujemo jedni od drugih!'" Često se akteri različitih kategorija nađu u istom vicu, pa tako pandur zaustavlja plavušu i kaže: „Dajte mi vaše ime i prezime!" A ona: „A kako ću onda ja da se zovem?"

U periodu bratstva i jedinstva, najpopularniji vicevi su bili o Muji, Hasi i Fati. Neki od tih legendarnih viceva se pričaju i dan danas. Tako, Fata kaže Muji: „Mujo, izgorela nam sijalica u kuhinji. Da je bacim?" A, Mujo će: „Nemoj, bona. Valjaće nam preko dana!" Inače, vicevi o Muji se još pričaju u našem gradu. Tako je posle 11. septembra i napada na Ameriku bio aktuelan onaj crnjak: „Posle tri dana, iz ruševina zgrada bliznakinja u Njujorku, izlazi Mujo i otresajući prašinu sa sebe reče: 'J... mater, u životu nisam video vaki aerodrom!'"

Beograđani obožavaju crne viceve isto koliko i političke. Pričaju ih bez obzira na režim. Ko god da je bio na vlasti, dobio je svoje u vicu. Izgleda da se tako narod sveti... To se odnosi i na partije. Devedesetih je bio popularan vic o babi koja dolazi kod doktora. Doktor je pita: „Baba, jesi li ti za EKG?" A baba odgovara: „Ne, sinko, ja sam za SPS!" Ko bi rek'o da će ova šala opet da bude aktuelna.

Kod uličnih prodavaca možete da kupite knjižice sa sakupljenim vicevima ili da ih potražite na netu.

Poslednjih godinu dana, najpopularniji lik u vicevima je popularni glumac i karatista Chuck Norris! Količina viceva o Chucku je neverovatna. Šale su bazirane na njegovoj neverovatnoj snazi. Evo mojih omiljenih: „Chuck Norris je već bio na Marsu, zato tamo nema tragova života... Chuck nikada neće dobiti srčani napad, jer njegovo srce nije glupo da ga napadne. Chuck Norris je brojao do beskonačno, dva puta! Chuck Norris je dobrovoljni davalac krvi, ali ne svoje. Chuck Norris ne prelazi ulicu, on je uvek sa obe strane... Na kraju, moram nešto da vam priznam: Chuck Norris nije pročitao ovaj tekst. Zato je i objavljen!

P.S. Došao Beograđanin kod babe na selo: *Baba: Da nam skuvam kafu?* Unuk: Nema frke, skuvaćeš kasnije. *Posle petnaest minuta...Baba: Da skuvam kafu?* Unuk: Nema frke, skuvaćeš kasnije. *Posle dvadeset minuta: Baba: Da skuvam kafu?* Unuk: E, nema frke, skuvaćeš kasnije. *Baba: Ma, ja ću da skuvam za nas, a Frke kad dođe...*

Polovnjaci

U Beogradu možete da kupite polovan automobil, nameštaj, knjige, pa čak i venčanicu. Do skoro je i zemlja bila polovna (SCG), a sad smo bez (lepše?) polovine.

Ako želite da kupite kola u Beogradu, a nemate para za novo vozilo, moraćete da kupite tzv. polovni auto. To znači da je korišćen i da je sve moguće. Prodavac kola može da vam proda havarisan automobil sa vraćenom kilometražom i motorom na izdisaju.

Najbolje je pazariti od prijatelja, mada i tu može da se izjalovi. Šta ako se mašina pokvari posle petnaest dana? Prijatelj vam možda više ne bude prijatelj, nego neprijatelj koji vam je uvalio problem. I onda vam majstor postane najbolji prijatelj.

Kod starih knjiga mogućnost greške svedena je na minimum. Možete je odmeriti, omirisati, a na kraju i prelistati. Ako ste je dugo tražili, bićete srećni što ste je našli. Knjiga je svakako najbolji čovekov prijatelj. Neki kažu da je to pas, ali ja se sa tom teorijom ne slažem. Pas može da vas ujede. Doduše, može i čovek. I to za srce. A papir može da bude višestruko koristan. Posle obavljanja velike nužde, na primer.

Kupovina polovnih stvari je uzbudljiva jer gledate nešto što je već neko koristio. Za razliku od novih kola, nove knjige ili novog mobilnog telefona, polovna stvar je već imala neki svoj „život" pre vas. Neko je vozio ta kola, ljubio se u njima, pušio, jeo pljeskavicu, a verovatno i puštao gasove. Knjigu je prethodni vlasnik čitao, dete žvrljalo, pozajmljivalo se kumovima koji su prosleđivali dalje, neko je cepao papir da bi motao ovo ili ono...

Mobilni telefon je po pravilu koristio neko ko govori „tečno", pa je svoju pljuvačku rasprskavao u hiljade malih pljuca i vlažio mikrofon u koji vi sada govorite. Ali, u tome je i čar.

Polovne stvari imaju istoriju i one dolaze do vas kao mlada na venčanje. Verovatno je imala nekoliko njih pre nego što je stala pred matičara, ali to više nema veze. Bitno je da ona kaže „Da!" i da ima venčanicu na sebi. Makar bila i polovna. A, onda sreća, zdravlje i dug zajednički život mogu da počnu.

Na kraju krajeva i ovaj tekst je polovan. Zašto? Pitajte urednika knjige. I očekujte polovičan odgovor.

Pare ili život!
– A je l' može kartica?
Za razliku od grafita koji se pišu po gradu Beogradu,
aforizmi se govore ili pišu o gradu Beogradu.

Aforizam (da se nisam setio o ovom da pišem ne bih znao: od grčkog – definisati, odrediti) je termin koji se koristi za opisivanje principa iskazanih sažeto u par reči ili opšte istine iskazane kratkom rečenicom.

Recimo: „Iako su pogrebne usluge poskupele, Beograđani nisu prestali da umiru. To je dokaz da građani podržavaju politiku gradske vlasti". Ili aforizam Duška Radovića: „Deca koja nose cipele broj 45, mogla bi već da stanu na svoje noge. To nije mali oslonac."

Ranih osamdesetih u Beogradu je nastao „Beogradski aforistički krug" kao neformalna grupa satiričara koja je okupljala autore britkog pera i snažnog duha. U početku malobrojna, vremenom je grupa počela da se širi, podstaknuta političkim događajima. Tako se i proširila van granica Beograda sve do Novog Sada, Užica, pa i Banja Luke.

Svoju definiciju aforizma dao je i jedan nepoznati autor na netu. Na pitanje šta je aforizam, odgovorio je: „To je ono – ti lupiš neku glupost, a svima se sviđa". Naravno da sve nije tako jednostavno. Pravi aforističari pogađaju direktno u glavu i stomak. Takvih aforizama ima bezbroj: „Nekada su novinama ubijane samo muve. A danas i ljudi." Ili: „Nije zdravo spavati na Belom dvoru. Čovek umisli da je kralj." Ovdašnji (a)forizmi imaju specifičnu težinu.

Autori se, pre svega, bave ljudskom glupošću i beščašćem. Toga ima na pretek: „Pljačkaši uzimaju pare ili život. Država oboje". Ili: „Priroda im je podarila glupost. A narod – vlast." Ovaj je možda najbolji u svom žanru: „Zalagao se za mir. Založio je ceo narod."

Aforističara u Beogradu ima koliko vam duša želi. Kao pravi pokret humorističkog otpora protiv svega što nam svima smeta, svakodnevno gađaju satiričnim strelicama. Organizuju i „Satira fest" na kome se dodeljuju nagrade za najbolje aforizme. Prošle godine pobedio je legendarni Ranko Guzina sa aforizmom: „Svaka vlada koja u Srbiji podnese ostavku jeste vlada nacionalnog spasa."

Mogao bih da nabrajam imena i ostalih genijalaca, koji se bave aforizmima, ali o njima najbolje govore njihova dela. A to su aforizmi poput ovog: „Ako ste mlad bračni par sa decom, nemojte u Beogradu tražiti stan. Beogradske gazde i gazdarice ne vole decu. Da vole ne bi imale višak stambenog prostora za izdavanje."

Ubojiti je ovaj: „Ja živim u Beogradu. Pitanje je dana kada ću to zadovoljstvo platiti glavom."

Još jedan čika Duškov laki komad: „Košutnjak je pun manijaka. Jedni trče za ženama, a drugi bez razloga."

A tek: „Hrabri muškarci treskaju vratima kad dolaze u kuću, a kukavice samo kad odlaze."

I za kraj: „Ljudi će zaboraviti šta si rekao. Ljudi će zaboraviti šta si učinio. Ali, nikada neće zaboraviti kakva si osećanja u njima probudio."

Plafon nad glavom

Neko živi u stanu, a neko živi u kući. Pošto sam prošao i jedno i drugo, skoro da sam stručnjak za tu oblast. Zovite me dr Blaža – stučnjak za stanovanje.

Ko živi u stanu taj lakše živi. Bar na prvi pogled. Posebno ako ima centralno grejanje. U tom slučaju, ne mora da silazi u podrum po ugalj. Pošto je ugalj „crna ili crnosmeđa sedimentna stena organskog porekla koja ima sposobnost gorenja pa se koristi kao fosilno gorivo koje se vadi iz zemlje rudarskim metodama" – shvatate da je sve što se tiče uglja jedna velika i mukotrpna zajebancija.

Osim uglja neki Beograđani se još greju i na drva. Kada vidite naramke drva ispred neke kuće, nemojte da mislite da tu živi neki stolar ili drvodelja. To znači da se familija koja živi u toj kući još greje na drva. Neki kažu da je to baš idilično. Kažu i da su u Americi drva za ogrev skupa, ali mi balvane imamo za izvoz!

Život u beogradskim stanovima može biti idealan samo ako ste dobri sa komšilukom. Nema tu mnogo mudrosti – najvažnije je reći dobar dan i doviđenja. Na sledeći nivo prelazi se komentarisanjem vremena: „Danas je baš vruće, zar ne?" Ako komšinica odgovori sa „Prosto je neizdrživo" – lako ste došli na treći nivo odnosa. Ne trošite adute odjednom – nastavite razgovor posle dan, dva. Kad je opet vidite, prenesite lepojci kese do lifta, otvorite vrata od stana i slično. Poslednju fazu lako ćete da prepoznate: „Komšija, jeste li za kafu?" Ako ste oženjeni kao ja, otvorite dobro oči... Ako žena sazna, možete da nadrljate, nagrabusite, oberete bostan, u istoj rečenici doživite i čvorka i ježa... a koža ode na šiljak...

Stan u Beogradu je postao luksuz. Cena kvadrata je skočila, a krediti su povoljni kao putovanje na Međunarodnu kosmičku stanicu. To ti je sudbina – neko da 20 miliona dolara za let u svemir, a mladi Beograđanin odleti u svemir dugova kada uzme u banci stan na kredit.

Sada vas pozdravljam jer moram na sastanak kućnog saveta zgrade. Biramo novog predsednika. Držite mi palčeve!

Šećeraši i golaći

Stanovanje u kući ima mnoge prednosti. Nemate problema sa kućnim savetom ili sa parking mestom. Svoj na svome. Da li?

Beograđanin voli da stanuje u kući. Tu se gazda oseća kao pravi ekonom. On bi tu kuću nosio svuda sa sobom, kao što puž nosi svoju. Čak i u grob... Zna da će uspaljena ćerka da naleti na neku budalu, a glupi sin na rasipničku snaju.

Zato je kuća jedna velika muka. Taman kad je domaćin napravio, sredio, skockao, jedva punoletna ćerkica dođe i kaže mu da je trudna. Pošto takve ćerke obično nalete na neradnike i ispičuture, tatica mora da pravi još jedan sprat. Tu će živeti njegovo najdraže čeljade sa pivopijom i muškim naslednikom – ako Bog da. Može i unuka, ali muško dete manje pati. Naravno da nisam pristalica ove teorije! Nikada mi život nije bio lak, a ne vidim da su se ženska deca oko mene nešto patila.

Elem, kad domaćin napravi sprat mora da napravi još jedno kupatilo, još jednu kujnu i još jednu terasu. Kada čujete da ljudi od 50 godina riknu iznenada, znajte da su svojoj mezimici pravili uslove za život. Kuća zahteva radove non-stop! Prve godine radite krov, druge godine je okrečite, treće godine sređujete podrum, a četvrte godine sve iznova. Doduše, nemate komšiju ispod vas kome ćete morati da farbate plafon, ako vam procuri voda iz mašine. Iako imate komšiju u susednom dvorištu, nema opasnosti da vam crkne krava.

Komšijski odnosi među ljudima koji žive u kućama su specifični. Naime, stanovnici tih objekata vole da banu kod komšija u bilo koje doba dana. Svi su potencijalni voajeri. Ako znate da sam deset godina živeo u taštinoj kući, potvrđujem prethodnu rečenicu: išao sam do komšinice po šećer svaki drugi dan! Imali smo, stoga, više šećera nego one šećerane od 3 evra. E, da – imali smo i starijeg komšiju koji je dočekivao prijateljice svoje žene potpuno go. Servirao je priču da je baš izašao iz kupatila. Pilo bi to vodu da nije bilo opšte poznato da se kupa samo prvog dana proleća. Kad procveta lipa.

Život u kući podrazumeva da znate da majstorišete. Morate znati osnovne stvari: prčkanje po struji, vodovodnim cevima i sve u vezi sa ekserima i šrafovima. Nisam rođen da bih bio majstor. Jednom sam probao da promenim sijalicu koja je pukla u dnevnoj sobi. Uzeo sam ženinu pincetu jer nisam mogao drugačije da je odvrnem. Spičila me struja – izgledao sam kao Bob Marley posle šeste marihuane.

Drugi put sam hteo da kleštima zavrnem česmu u kupatilu. Kad je šiknula voda, imali smo veću poplavu od Noe. To je onaj sa (b)arkom.

Eto, zato sada živim u stanu. Kad se nešto pokvari, pozovem majstora. A majstor obično živi u kući u široj okolini Beograda. Kad dođe, siti se ispričamo. I uvek kaže da nikada ne bi mogao da živi u stanu: „Vi u zgradama ni ne poznajete jedni druge!" U pravu je. Šetao bih ja nag po stanu, ali komšinica ne može slučajno da naleti.

Zato ću, kad jednog dana odem u penziju, da prodam stan i kupim kuću na obodu Beograda. Pored neke mlađe udovice. Možda mi dođe u posetu, a ja baš istrč'o iz kupatila...

P.S: Nisam izabran za predsednika kućnog saveta!

Poroci velegrada
Živimo u poročnom gradu.
Iako je ovaj grad beo, pluća mnogih Beograđana su crna.
Cigarete, alkohol, droge, smog, sastavni su deo velegrada.
Zdravlje ili ne, izaberite sami.

Beograd je grad pušača i pušačica. Puši se u kafićima, restoranima, liftovima, pa čak i na radnom mestu. Druga strana koja ne puši, pasivno učestvuje u poroku voljene osobe, prijatelja ili kolege.

Prema nekim istraživanjima lekarske asocijacije, 2010. godine oko šest miliona ljudi će umreti od raka, srčanih bolesti i drugih oboljenja vezanih za duvan. Najluđe je što najviše puše lekari. Mislim da nikada nisam bio kod doktora koji nije imao pepeljaru punu pikavaca na stolu.

Eventualno, od njih više puše samo piloti. Stjuardese ne komentarišem.

Iako nikada nisam pušio, počela je da me hvata panika. Pošto se uglavnom družim sa osobama koje uživaju u pušenju – ugrožen sam! Ponekad kada dođem kući, smrdim kao piksla u kafani na Ibarskoj magistrali. Onda celu noć kašljem k'o magarac. Ne znam zašto se tako kaže, jer još nisam video magarca koji puši, osim mog bivšeg direktora, kada sam bio zaposlen u državnoj firmi.

Ovde će da legne najbolji vic o pušačima: Šetaju rak pušač i rak nepušač plažom. Pita rak pušač: „A zašto ti ne pušiš?" Na to mu rak nepušač odgovori: „Nisam lud da dobijem čoveka!"

Ovo nije jedini porok koji imaju stanovnici Beograda. Potpuno ravnopravno sa konzumiranjem duvana,

Beograđani poročno uživaju u alkoholu. Do prvog kontakta sa alkoholom se u proseku dolazi sa 13,5 godina.

Stručnjaci kažu da je alkohol jedna vrsta kućne droge mada se pije i ispred prodavnica, u parkovima, školama, kafićima, diskotekama, a često i na poslu. U Beogradu pijuckaju ili piju svi! Od akademika do radnika na gradilištu.

Supstanca koja menja mentalno i fizičko stanje ljudi zove se etanol. Prisutan je u alkoholnim pićima u raznim koncentracijama. Oko 5% u pivu, oko 10% u vinima i čak oko 40% u žestokim pićima.

Vicevi o ovom teškom poroku su takođe popularni. Na primer: Ulazi mrtav pijan čovek u jedan beogradski autobus. Stane pored neke gospođe i ispovraća se na nju. Ona počne da viče na njega: „Kakva si ti svinja!" A pijanac će na to: „Ma, šta mi reče?! Pogledajte sebe"...

Porok broj tri (ili broj jedan?) u Beogradu je najopasniji po njihove konzumente. Na svakih hiljadu stanovnika našeg grada dolaze četiri registrovana narkomana, a često i odlaze. Zamislite koliko još ima neregistrovanih! Gram marihuane košta između pet i deset evra, a 13 odsto učenika uživa u ovoj, kako mladi veruju, lakoj i neškodljivoj drogi.

Kada sam bio tinejdžer, rolala se samo lopta za basket i fudbal. Sada klinci više rolaju papir za džoint. Turbulentne devedesete godine, kao i tranzicija u 21. veku, pružila je omladini tu vrstu poroka kao glavnu vrstu zabave. Kao u vicu: Zaustavlja policajac narkomana zbog prebrze vožnje i kaže: „Izađite da duvate". Narkoman će na to: „Nemoj da pričaš da imaš!"...

Zato, dragi roditelji, proveravajte da li vaša deca zavijaju nešto što liči na cigaretu. A kako to posle zabodu u venu, pojma nemam!

Saginjanje, uklanjanje, matiranje
Beogradski parkovi su pluća grada.
Da nije zelenila, svi bi se ugušili u sivilu kome boju daju izduvni gasovi koje proizvode mašine ali i ljudi...
Zato – šetajte parkovima i pružite im bezrezervnu ljubav.
Flora oseća čovekovu ljubav, verujte mi na reč!

Zbog blizine, najčešće idem u Tašmajdanski park. Moj park-drug je Aki. Čupav je, beo i seksualno opterećen. Nema ženke koju nije zaskočio – kao da je dalji rod Michaela Douglasa. Da ne bude zabune: moj drugar iz parka ima četiri noge i jednu diže uvis kada vrši malu nuždu. Tako obeleži svaki žbun i drvo. Dok on obeležava teritoriju, ja pazim da ne obeležim moju patiku sa sadržajem iz probavnog trakta nekog njegovog kolege ili koleginice.

U Tašmajdanskom parku postoje i kese koje su namenjene za sakupljanje psećih ostataka. Mnogi sugrađani koji imaju kućne ljubimce, a šetaju ih po Tašmajdanu, ne žele da sakupe njihov izmet. To im je valjda ostalo iz vremena kada je onaj čovek govorio „Nećemo se saginjati!" Zato se ponekad saginjem i za njih.

Od drugih parkova, dopada mi se Pionirski park, smešten između Bulevara kralja Aleksandra, Kneza Miloša i Dragoslava Jovanovića – to je onaj prostrani park kod Skupštine grada Beograda. Često sednem na klupu i gledam naše sugrađanke. Uvek su u žurbi, ali doterane i šarmantne. Devojke najčešće drže mobilni telefon i ćaskaju sa momcima, dok udate žene verovatno tračare sa prijateljicama. Očevi prvih i muževi drugih zato doživljavaju srčke kad stignu računi...

Muškarci manje koriste tu vrstu komunikacije. Ne čudi što ih je manje po parkovima. Sve što imaju da kažu ženskom rodu, kažu oči u oči. Kao u vesternima Sergia Leonea.

Lep je i Univerzitetski park kod Prirodno-matematičkog fakulteta. Za vreme turske vladavine, tu je bilo groblje koje je uklonjeno početkom 19. veka. Potom je tu bila i pijaca, koja je uklonjena u prvoj polovini 20. veka. A onda su početkom 21. veka neki novi klinci uklonili bežični internet sa klupa u parku, pa se vekovna tradicija uklanjanja nastavlja.

Mladi studenti i studentkinje vole tu da se odmore posle napornih predavanja. Oni kojima roditelji pošalju veći džeparac, odu u okolni kafić. Često sednem na klupu i gledam u daljinu. Zajedno sa mnom, u bolje sutra, gledaju Josif Pančić i Dositej Obradović – preciznije, njihovi spomenici. To, bolje sutra, nikako da ugledam. Ne znam da li kipovi bolje vide ali su bar na postolju.

Šta tek reći o Kalemegdanu, najvećem beogradskom parku. Preuređivanje je počelo 1867. godine po naređenju kneza Mihaila Obrenovića. Nešto kasnije, 1890. godine, vojska je predala park Beogradskoj opštini. Ondašnji predsednik opštine Nikola Pašić je odobrio prvi kredit za uređenje Kalemegdana. Dok šetam uređenim stazama, ne razmišljam o kreditu, ali uvek zastanem kod penzionera koji igraju šah.

To je drevna igra mentalne sposobnosti koju igraju kako šampioni, tako i amateri. Kalemegdanski penzioneri igraju kao šampioni. Dok sunce u Kalemegdanskom parku zalazi, biju možda poslednje pobedničke bitke.

Jedva čekam da i ja stasam za te duele, pa da sa ispisnicima zauzmem mesto na klupi. U slučaju da me ne prime u društvo, uvek mogu da navučem kišni mantil i kada padne mrak da prepadam mlade prolaznice. Valjda mi neće zameriti – što šetaju noću parkom, kad znaju da je pun manijaka?

BG radio drama

Beograd je igrao uloge u mnogim filmovima i serijama. Od "Otpisanih" do "Grlom u jagode". Zato sam odlučio da mu i ja dam jednu ulogu. Pa, ako se nekad snimi film po mom scenariju, neka on primi Oskara u moje ime.

BEOGRAD (ima dubok glas i izvanrednu dikciju. Doziva Avalu): „Avalice, lepotice, kad ćeš doći do Kalemegdana da se prisećamo starih dana?".

AVALA (ženstven glas. Koketira ljupko): „Beograde, zaštitniče moj, ti znaš da volim zagrljaj tvoj. Ali, Kalemegdan je stari čiča, samo nešto o prošlosti priča!".

KALEMEGDAN (Glas je kao u starca. Zastajkuje dok govori): „Joj, Avalo, srce moje malo... ne diraj u godine moje... zar ti nije lepo utroje?".

AVALA (diže glas kao i svako žensko kad je ljuto): „Pusti me da pričam sa Beogradom mojim, a ti se bavi problemima svojim!".

BEOGRAD (blago i pomirljivo): „Nemojte se svađati sestro i brate, pomisliće neko da se ne znate".

DUNAV (prolazi pored Kalemegdana i dobacuje): „Ej, moja stamena tvrđavo, kada žene polude to uvek bude rđavo".

AVALA (besno i glasno): „Ti mi reci, plavušanu, bolje malo idi u Tiranu".

DUNAV (podsmešljivo i zavitlantski): „O geografiji očigledno nemaš veze, pogledaj samo Beograd i Kalemegdan kako se keze".

BEOGRAD (očinski, ali jedva zadržavajući smeh): „Dunav je u mnogim zemljama mulj podig'o, ali do Albanije koliko znam nije stig'o".

AVALA (kočoperno, ali sad već pomirljivije): „Znam to i ja, samo se šalim, a usput tako umem i glupost da odvalim".

BEOGRAD (sada već sa smehom u glasu): „Kad te vidim tako slatku, dođe mi da kažem Dunavu da ti pošalje patku".

DUNAV (smejući se kao lud na brašno): „Bolje onda da zovemo mog druga Savu, kod njega patka nosi pismo tako što ga stavi na glavu".

SAVA (dolazi do Dunava na Ušću i veselim glasom zbori): „Oj, Dunave, mi smo stari znalci, pa ti mogu reći da su ti dobri ovi tvoji somovi kapitalci!".

U tom trenutku, svi prisutni počinju da se smeju. Dok Sunce zalazi, glavni junak se još jednom obraća prisutnima:
BEOGRAD (grli Avalu i Kalemegdan, dok melodičnim glasom peva): „Eto, na kraju ove male priče, svi su srećni od lepotice do čiče. A, sad svi na svoje zadatke, a ti Dunave i Savo vraćajte nazad patke!".

Na slovo na slovo
*Ako ste duže od godinu dana Beograđanin,
navedene reči, fraze i izraze morate znati.*

A – apiš mecu za perecu. (Pravo objašnjenje za ovu rečenicu ne postoji. Bitno je da ako vam se neko obrati, ne odgovorite kratko „a?" Poželjno je da ne izgovorite ni „molim", ni „šta". Inače, dobićete golim ili štapom.)
B – bolid. (Osoba koja vam može biti simpatična, a i ne mora. Ta individua nema veze sa formulom 1, osim što lupa gluposti istom brzinom.)
V – vutra. (Biljka od koje se neki Beograđani pretvaraju u biljke. Uzmu papir, usitne malo duvana, dodaju biljku, onda zaviju i popuše. Zatim se smeju ili spavaju. Ili uđu u suštinu egzistencijalizma. Ili otkriju tačku.)
G – gistro. (To ti je kad ovo ono mis'im znači brate ti meni ja tebi levo desno znači.)
D – daj. (Najčešća reč u Beogradu. Daj, učini mi; daj, završi mi; daj mi; daj mu; daj, ne smaraj; daj, daj, daj, samo daj.)
Đ – đe si. (Omiljeni izraz jedne od najbrojnih grupacija u Beogradu. Upotrebljavaju ga pri susretu umesto „dobar dan". Što više znate „đe si" osoba, više ćete poslova završiti.)
E – e, do k.... (Fraza koja se upotrebljava kada ste razočarani nečim. Nikada se ne kaže – „e, do p....". Čak i kada vam je baš dotle došlo.)
Ž – žena. (Kada za nekoga kažete da je žena to znači da mu je baš muka. Ima i muškaraca koji se osećaju baš

kao žene, ali njima je lepo. Posebno kada nađu srodnu mušku dušu.)

Z – zentara. (Isti kao i cava, ali je manje opasan po okolinu. Nema veze sa zen-budizmom: duhovna ravnoteža kod zentare ne postoji.)

I – irvas. (Prvo sam mislio da tako zovu mog komšiju koji se vratio iz Švedske. Ali sam shvatio da je to bilo ko, ko je krupan a ograničenih sposobnosti. Irvas je konkretniji izraz od konjine ili matore drtine. Ipak, bolje je biti irvas, nego rogonja.)

J – jebote. (Pravi beogradizam! Ako vam to neko kaže, nemojte da se plašite – neće niko da vas nategne! Za to će se već pobrinuti neko od vaših najbližih.)

K – ketering. (U upotrebi poslednjih godina. Nemam pojma šta znači. Ima ih još: ivent, stajling, bekstejdž, hepening, personaliti... Dovoljno da čoveku prsne nešto u glavi. Ako vam neko pomene te reči, najbolje je da klimate glavom. To radim već godinama.)

L – ludilo. (Nema veze sa ustanovama za lečenje mentalnih bolesti. Opisuje sve: noćni provod, utakmicu, koncert, gradski prevoz, a ponekad i seks. Ako ste u penziji, ne morate da znate ovu reč.)

Lj – ljubim te. (Izraz koji se zapatio a niko ne zna zašto. To često govore najbolje drugarice kojima ne pada napamet da vas stvarno i poljube, pa zato ostaju samo najbolje drugarice.)

M – mentol. (Osvežavajuća bombona nema veze sa ovim pojmom. U pitanju su ljudi kojima je površnost sastavni deo života. Srećete ih svaki dan. Na ulici, u kancelariji, a često i u krevetu).

Na slovo, na slovo – II deo
*Nastavljam sa azbučnim prikazom beogradizama.
U međuvremenu, pričajte beogradski
da vas ceo Dorćol razume!*

N – nemoj. (Reč koju mladi beogradski roditelji najčešće koriste u raspravi sa decom. Na primer: „Nemoj, sine, da udaraš tetu"... „Nemoj da sam te čuo više"... „Nemoj da sam te video za minut"... „Nemoj da ti dođem tamo"...)

Nj – njesra. (Šatrovački izraz za veliku nuždu koji opisuje sve životne situacije samo ne ono konkretno. Kada odete u penziju, budite sigurni da će vam takva biti i suma na odsečku)

O – o'ladi. (Kad vam neko dosađuje ili vas nervira izlaganjem teorija, onda upotrebite ovu reč. Skoro svakom oženjenom muškarcu žena to kaže kad poželi da bude vatren.)

P – pederčina. (Nema veze sa seksualnom orijentacijom, već sa karakternom osobinom. Nisu opasni ako su vam prijatelji na Facebooku, ali ako su vam kolege na poslu – itekako! Za koleginice se ovaj izraz ne primenjuje!)

R – riba. (Ne mislim na smuđa, šarana, soma, kečigu ili babušku. Riba može da bude samo Beograđanka! Ima raznih vrsta, ali najbolje su ribetine!

S – sisa. (Osoba spremna da vas proda za budzašto. Ako mislite da ste već videli najveću sisu, varate se. Čovek uvek naleti na još veću.)

T – tenkre. (Još jedan šatrovački izraz. Nema veze sa tenkovskom jedinicom. Tenkre je obično osoba na rukovodećem mestu, a niko ne zna kako je tu dospeo, kad je tenkre.)

Ć – ćao. (Datira iz vremena kad su Beograđani išli u Trst u šoping. Možete je upotrebljavati u svakoj prilici: kada raskidate vezu, kada izlazite iz mesare, ali i kada odlazite na onaj svet.)

U – uplata. (Uz reč – plata, najvažnija reč za mene i moje sugrađane, a i šire. Kada vam kažu da će biti uplata, ne mora da znači da će tako i biti. Ovde je buduće vreme vrlo rastegljivo.)

F – fijuk. (Pun ih je Beograd. Možete ih sresti u autobusu, u banci, na pijaci, fudbalskoj utakmici, pa čak i na groblju. Kako je krenulo svi ćemo da fijuknemo, pa ćemo na kraju sresti sami sebe.)

H – hvala. (Nekada je ova reč bila sastavni deo odrastanja generacija Beograđana. Sada je manje u upotrebi. Ko je još koristi, može da kaže hvala bar majci i ocu.)

C – cupi. (Legendarna beogradska reč koja se može primeniti na oba pola. Cupi može biti najbolji prijatelj, komšinica, pašenog, a i pevačica na svadbi. Jedino vaša žena nije cupi. Ali, vi možda jeste!)

Č – čale. (Pravilno bi bilo da se kaže ćale. Ali, onda stanovnici mnogih opština u Beogradu, ne bi znali o kome pričate. Čaleta često možete sresti svuda, čak i u nekom kafiču.)

Dž – džiber. (Može biti i Beograđanin, ali češće nije. Nebitno je imovinsko stanje, obrazovanje i opšta kultura, maniri. Jednom džiber, uvek džiber!)

Š – šaban. (Nema veze sa pevačima narodnih pesama. Nema veze ni sa džiberima, mada u jednoj osobi mogu da se sretnu džiber i šaban... Kada se to dogodi, a rod vam je – odrecite ga se preko „Službenog glasnika"!)

Moj Beograd srce ima...
Beogradu su pevali mnogi velikani naše zabavne muzike. Uvek kad ih slušam, bude mi milo oko srca. Verujem da se i Beograd ponekad zarumeni od sreće kada čuje te pesme. Joj, što sam romantičan!

Svakako da je jedna od najlepših otpevanih pesama o Beogradu... „On ima čudesnu moć da svetlom ispuni noć, belinom osmeha svog razgoni tugu; on ljubav svakome da i vrata otvara sva, k'o stari voljeni drug uvek je on"... I onda refren koji pogađa direktno u dušu: „Beograde, Beograde, na ušću dveju reka ispod Avale; Beograde, Beograde..."

Najpamtljivija je u izvedbi Duška Jakšića, mada obožavam i verziju Đorđa Marjanovića. Ovi kraljevi naše zabavne muzike iz najzlatnijeg perioda, nisu rođeni Beograđani. Život u glavnom gradu od njihove devetnaeste godine, kao i neverovatne i neponovljive karijere, uz izuzetno ponašanje na sceni i van nje, prave od njih Beograđane za najveće poštovanje. Njihova priča i jeste ona stara priča o beogradskom duhu. Čovek ne mora biti rođen u ovom gradu da bi bio pravi BG-primerak. Kada slušate melodičnost i izražajnost Duška i Đorđa dok pevaju o Beogradu, znate da stihove ove pesme najiskrenije doživljavaju. Beograd će im zato večno biti zahvalan!

Za gradske organe nisam siguran. Oni se većine zaslužnih građana sete tek kada odu u legendu. Ponekad ni tada. Setite se samo Čkalje, Zorana Miščevića ili Mileta Lojpura.

Znam mnogo starijih Beograđana koji još više vole pesmu koju je pevala Lola Novaković: „Moj Beograd srce ima i u srcu ljubav čistu, Beograd ruke širi svima, svima radost pruža istu".

Ova sjajna i popularna pevačica posebno je briljirala tokom šezdesetih i sedamdesetih godina 20. veka, a rođena je Beograđanka. Imao sam tu privilegiju da je više puta vidim u Takovskoj ulici tokom mojih tinejdžerskih dana. Dok je prolazila pored nas klinaca iz kraja, zvezdana prašina, koju je nemilice raspršivala, padala je i na naše raščupane glave. Još čuvam par zrnaca u mom srcu, kao sećanje na te dane.

O Beogradu su pevale i druge velike zvezde zabavne muzike. Sigurno da je jedna od najlepših i ona koju peva Zdravko Čolić, izuzetni pevač sa fantastičnom karijerom koja još traje. U pesmi „April u Beogradu", oseća se sva raskoš Čolinog glasa, a i sudbina je htela da ovaj rođeni Sarajlija postane Beograđanin. Sada zatvorite oči i zapevajte zajedno sa Zdravkom: „April u Beogradu, jedno prošlo doba, pamtim ga u mislima iz vojničkih soba; april u Beogradu umorno se smješi, ispod Savskog mosta dok se sumrak sprema, mene više nema"...

Kažu da je i jedan od najvećih hitova zabavne muzike „Devojko mala", posvećen našem belom gradu. Neodoljivi glas glumca Đuze Stojiljkovića, uz savršenu muziku Darka Kraljića, budi u svakom stanovniku Beograda najlepše emocije. Zato i ovaj tekst završavam pevajući mojoj voljenoj Beograđanki: „Devojko mala, pesmo moga grada, tvoje ću usne večno da ljubim ja"...

Beograd ne zna šta je tišina
*Naš beli grad svako tumači na svoj način.
Neko misli da je neodoljiv, neko misli da je prljav,
a neko da je neodoljivo prljav. Sakupio sam neke
misli o Beogradu velikana koji su živeli u prestonici.*

„Ko je imao sreće da se jutros probudi u Beogradu, može smatrati da je za danas dovoljno postigao u životu. Svako dalje insistiranje na još nečemu, bilo bi neskromno". Ove reči Duška Radovića još odzvanjaju svim starijim sugrađanima u ušima, koji su nekada slušali Studio B. Bio je pesnik, pisac, novinar, aforističar i TV urednik. Ali, pre svega, voleo je Beograd.

Takav je bio i Ivo Andrić. Iako najpoznatiji po pisanju, naš nobelovac je veliki deo života proveo i kao diplomata. To mu je omogućilo da živi i radi u Bukureštu, Trstu, Gracu, Marseju, Parizu i Madridu. Ipak je izabrao da u Beogradu provede najveći deo života. Za vreme tog iskustva napisao je: „Ovaj veliki grad, bio je, izgleda, oduvek ovakav: istrgan, prosut, upravo kao da nikad ne postoji, nego večno nastaje, dograđuje se i oporavlja. S jednog kraja niče i raste, a sa drugog vene i propada. Uvek se kreće i talasa, nikad ne miruje i ne zna šta je spokoj i tišina. Grad na dve reke, na velikom prostoru sapet vetrovima".

Glumac koji je obeležio film i pozorišnu scenu 20. veka u Srbiji – Danilo Bata Stojković, u mnogim intervjuima je kazivao svoju ljubav prema Beogradu: „Rođeni sam Beograđanin i obožavam svoj grad. Istrpeću sve bez obzira ko je na vlasti! U mojoj karijeri prebrojao sam čak 32 ministra za kulturu, a ne sećam se imena nijednog od njih. Ovaj grad ima dušu za sve dobronamerne ljude, za one koji žele da ga oplemene, a ne unazade"...

Legendarni Bogdan Tirnanić je napisao: „Beograd je grad došljaka. Da bi Beograd mogao da živi kao Njujork, Pariz ili Berlin, on tu novu energiju mora da prešaltuje na svoju strujnu mrežu. On je to uvek uspevao i u tome je bila njegova veličina. Beograd živi od došljaka, ali istovremeno uspeva da ih privoli da postanu Beograđani."

I Miloš Crnjanski je obožavao grad na ušću dveju reka ispod Avale. To je i dokazao i u poemi „Lament nad Beogradom". Parče teksta „Sneg nad Beogradom" (objavljen 1930.): „Spoljna lepota Beograda, vrlo velika, nije isticana dovoljno, ali je poznata već stolećima. Varoš sa visokim profilom, Beograd je lep lepotom uspravnog stava, pojavom na brdu, zakoračajem nad vodama. Prilazeći mu, ma sa koje strane, ugleda se profil moćan i oštar, koji će kroz dve-tri desetine godina biti, svakako, nezaboravan".

A, za sam kraj, idealno je kazivanje jednog od najvećih srpskih književnika 20. veka, romansijera i dramskog pisca Borislava Pekića: „Ako čovek privremeno, za ovaj trenutak, zanemari osnovni zadatak koji ima u Beogradu, a to je sačuvati goli život na pešačkim prelazima i trotoarima, preostaje mu onaj teži: da se sačuva od ispovesti poznatih i nepoznatih ljudi!"

Kletva po kletva – tekst

Beograđani vole da proklinju kao i sav normalan svet! Poslednjih godina pojavila se tolika količina kletvi da se teško može dokučiti koja je beogradska a koja nije. Ko mi ne veruje, dabogda mu mobilni telefon imao dvojnika!

Bez kletvi bilo koje mesto, selo, grad, metropola – ne može da funkcioniše! Uz psovku, kletva je najbolji ventil protiv turobne svakodnevice.

Jedna od prvih koju sam registrovao u Beogradu bila je: „Dabogda te policajac crtao kredom na Gazeli!" Najsmešnija koje se sećam iz škole je bila: „Dabogda sa učiteljicom išao na sajam knjiga!" Dobra je i ova za štrebere: „Dabogda ti se gradivo nagomilalo!"

Kletve mogu da se svrstaju u mnoge podgrupe. Praktično ne postoji niko koga one mogu mimoići.

Najbolji spoj su duhovite, ali ne bezobrazne i uvredljive. Mada, linija je često tanka. Kao, recimo, u onoj crnohumornoj koja se pojavila posle stradanja talaca u Severnoj Osetiji: „Dabogda te spasavali ruski specijalci!"

U prošlom veku bila je popularna i ova: „Dabogda te okupirali Nemci, a oslobađali Rusi!" Postoje i one koje se odnose na komšije i braću. Kletva za Crnogorca: „Dabogda ti sin ne vidjeo Beograd!" Urbana kletva: „Dabogda ti na svadbi svirala Disciplina kičme!" To sam i želeo da mi se dogodi, ali sam odustao posle pretnji mnogobrojne bliže i dalje rodbine.

Kletva No. 1 za vreme bombardovanja: „Dabogda ti kuća bila na CNN-u!" Najčuvenija kineska leži uz ovu a glasi: „Dabogda živeo u zanimljiva vremena!" Pošto tako živimo od kad znamo za sebe, ovakva kletva verovatno ne postoji u Lihtenštajnu, Luksemburgu, Švajcarskoj, Kanadi... Ima i odličnih istorijskih: „Dabogda ti Lukrecija Bordžija kuvarica bila!" Ili još bolja: „Dabogda ti Brut sin bio!"

Fenomenalne su i ove kompjuterske: „Dabogdatisespejsnakompjuterupokvario!"; „Dabogda ti se internet blokirao kada ti majka uđe u sobu, a ti surfuješ po porno sajtovima!"; „Dabogda ti crkla baterija na laptopu, dok si pri kraju sajber seksa!"

Jedna filmska: „Dabogda ti žena imala ljubavnika k'o Titanik Oskara!"

Legendarna kletva: „Dabogda ti tata nosio tange!" A svakako ne najsurovija (a ima ih i previše!): „Dabogda ti svaki dan u kući kao u Dosijeu X!"

Evo i popularnih dizelaških: „Dabogda te poslali u vojsku!", „Dabogda ti pukla kajla!"; „Dabogba ti keva kupila martinke!"; „Dabogda ti se iscepala trenerka!"

Kažu da su prokletstva i kletve ljudi prizivali uvek kada su bili nemoćni da bilo šta drugo urade. Jedna od specifičnosti našeg jezika jesu kletve. Kao što ste pročitali vrlo su inventivne i često veoma duhovite, ali i gadne!

Verovatno to znači da nam nije lako, pa da moramo sebi da dajemo oduška na ovaj način. Iako je jedna od najgorih kletvi: „Dabogda imao pa nemao!", mi ne osećamo tu težinu kad je čujemo. Ali zato osećamo onu: „Dabogda imao proliv i štucavicu u isto vreme!"

U Beogradu je većina od nas to osetila na svojoj koži. Tako da za nas ne postoji kletva koja nas može pomeriti sa mesta. Pa, čak ni ova: „Dabogda ti se hirurg smejao kada te bude otvorio!"

E, pa dragi moji muški čitaoci: ako ne budete čitali moje tekstove, dabogda vam devojke glumile Pamelu u mojim spotovima!

Novogodišnji TV program

Svake godine svi kukamo kako je novogodišnji TV program katastrofalan. Mesec dana sam razmišljao i na kraju sastavio i odlučio da ponudim predlog za idealan televizijski program za 31. decembar.

Predlažem satnicu novogodišnjeg TV programa (napisao sam satnica, pošto bi emitovane emisije trajale po jedan sat!):

8.00 Švedski cirkus za odrasle. – Tete na trapezu u toplesu, krotiteljke lavova u tangama i žonglerke i žongleri sa vibratorima. Na kraju programa učestvuje i publika.

9.00 Turnir BG pobednik. – Takmičenje penzionera u brzom ispijanju vruće rakije na Kalemegdanu. Pobednik je onaj koji ne dobije infarkt. Poraženi dobijaju besplatno opelo u Svetoj Petki.

10.00 Skokovi sa Avalskog tornja. – Takmičari treba da dođu sa skijaškom opremom i da iz zaleta skaču sa našeg popularnog tornja. Ko preživi, ne mora RTS-u da plaća pretplatu.

11.00 Rogonje. – Tradicionalno grupno venčanje ispred Gradske skupštine od ove godine biće održavano 31. decembra zbog ove programske šeme! Pre nego što mlada kaže DA, mora da popije dva litra jelenka na eks i da otpeva koliko je imala ljubavnika pre mladoženje.

12.00 Sećanja preživelih. – U emisiji gostuju lečeni gledaoci pređašnjih novogodišnjih programa. Ova emisija spada u obrazovni program, ali ima za cilj da budu navučeni na novu šemu.

13.00 Svinjogojstvo. – Izveštaji iz raznih stanova u Beogradu, gde naši sugrađani pričaju koliko su se ugojili za vreme praznika. Poseban blok u emisiji se zove „Krtina" i bavi se holesterolom.

14.00 Pegla. – Emisija u kojoj se prikazuje omladina u povratku sa prošlogodišnjih novogodišnjih proslava. Podnaslov emisije je: „Pali, brate, narodnjaci su zakon!"

15.00 Šišaj ga. – Reportaža sa ulica u kojoj naši građani govore šta stvarno misle o našim političarima. Cenzure može biti jedino ako neko odluči da stav iskaže golotinjom.

16.00 Udri bogataša. – Rijaliti šou u kom građani Beograda odlaze do vila naših tajkuna i sa bejzbol palicama lome sve po kući. Kristalni lusteri donose 20 poena, šoferšajbne džipova 10, a LCD ekran od 200 cm donosi 5 poena. Najbolji će biti zaposleni kao čistači u tim objektima!

17.00 Dim na vodi. – Najsiromašniji slojevi u našem glavom gradu dobijaju priliku da se brčkaju u đakuziju. Sve vreme kao podloga ide pesma grupe Deep Purple „Smoke on the water".

18.00 Stiskavac. – U stvari, karaoke: najpoznatije pevačice sa naše estrade ulaze u podstanarske stanove Beograđana. Dok se čude kako ljudi žive u 40 kvadrata, podstanari pevaju njihove najveće hitove.

19.00 Majka Mara. – Emisija za osnovce i srednjoškolce o načinima kako da nabave i konzumiraju opojna sredstva, a da ih roditelji, nastavnici, tajni agenti ne uhvate. Nastavnici se ne pojavljuju u emisiji, pošto nisu dobili plate.

20.00 Vesti iz nesvesti. – Pacijenti koji su izašli iz kome pričaju kako su zamišljali/sanjali blagostanje u Beogradu i Srbiji dok su bili biljke. Emisija spada u humoristički (koma) program.

21.00 Sneg na programu. – Samo budale, roditelji sa malom decom i najstariji građani gledaju novogodišnji program posle devet uveče. Bolje da gledaju sneg, nego domaće filmove po stoti put!

24.00 Tačno u ponoć. – Od snega koji je bio na programu formira se Sneško Belić. Gledaoci se direktno uključuju u program i traže od Sneška da im ispuni novogodišnje želje. (Zbog loše materijalne situacije nema se za Deda Mraza!) Emisija se završava kada se zbog svetlosti reflektora u studiju Sneško istopi.

(Sastavljač programa polaže pravo na izmene u poslednji čas!)

Dom je tamo gde ti je pas

Poslednjih decenija mnogi Beograđani su se odselili zauvek iz svog grada i otišli negde daleko. Kad bih morao da odem, mnogo toga bih u brzini zaboravio da ponesem. Zato sam napravio neophodan spisak. Kod nas u Srbiji je ionako uvek – sve po spisku!

Spisak sam napisao na osnovu konsultacija sa onima koji su već otišli – sa odošima. Sve ove godine, mučilo ih je to što se nisu bolje organizovali. Toliko toga nisu poneli i sada su očajni zbog toga. Zato je ovaj moj spisak i svojevrsni vodič za sve buduće emigrante.

1. **Pobednik.** Kad kažem Pobednik, mislim na spomenik! Ako idete u Njujork, obavezno ponesite Pobednika. Tamo ga postavite pored Kipa slobode.

Liberti je tako usamljena, a Viktor je tako lep. Bili bi idealan par. A i pogled na njujoršku obalu bi bio još romantičniji. Da se ne bi oštetio spakujte ga u ručni prtljag.

2. **Gazela.** Jeste da se raspada, ali ona je sastavni deo života svakog Beograđanina. Ovaj most je idealan za one koji se odluče da žive u San Francisku. Možete da ga locirate pored Golden gejta. Tako će posebnost Gazele još više doći do izražaja. Pakujte je u čvršće kutije i obavezno napišite „lako lomljivo".

3. **Kafić iz kraja.** Šta će ti sve pare koje zaradiš u belom svetu, ako ne možeš da sediš sa ekipom iz komšiluka u lokalnom kafiću i blejiš. Nećeš valjda u Australiji da ćaskaš sa meštanima o tome da li je Antić trebalo da pozove Ramba Petkovića na Svetsko prvenstvo ili da li je Gi-

nis pivo bolje od Jelenka. U stvari, ne morate da pakujete kafić. Spakujte samo prijatelje.

4. **Knez Mihailova**. Znam da je beli svet pun neverovatnih bulevara i čarobnih ulica, ali gde su tu Beograđanke? Samo jednom prošetajte Knez Mihailovom i videćete svu lepotu glavnog grada. Ovu ulicu moraćete više puta da presavijete da bi vam stala u kofer. Posavetujte se sa svojom majkom, jer ona ima iskustva sa pitama savijačama.

5. **Pas**. Znam čoveka koji je otišao na drugi kraj sveta i svog najboljeg prijatelja ostavio kod roditelja. Kao, komplikovano mu je bilo za transport. Moj poznanik se u međuvremenu skućio i našao dobar posao. Ali, i dalje oseća kao da je uskraćen za nešto. Ne kaže se za džabe: „Dom je tamo, gde ti je pas". Pakovanje kućnog ljubimca je najlakše. Samo ga zagrlite i ponesite.

6. **Mama**. Volim ja i ćaleta, ali svi znamo da jedna je majka. I zato sam se uvek čudio kada neko koga znam ode u pečalbu bez svoje mame. Beogradska deca su posebno vezana za iste. Ta količina ljubavi koju dobijamo od naših milih majčica, ne može se ni sa čim nadoknaditi u pustoj tuđini. Pakovanje je nešto teže i može doći do opiranja. Jer, one obično ne napuštaju svoj stan, ni u slučaju smaka sveta.

7. **Auto**. Nikada nisam razumeo kako se budući gastarbajter tako lako reši voljenog četvorotočkaša. Samo par meseci pre toga, život bi dao za njega. Više se brinuo za kola, nego za sitnu decu. Pred put u bolje sutra, prodao je odanog i vernog Juga 45 ili 55, svejedno. Onda, u hladnoj Kanadi vozi neka kola koja se nikada ne kvare. I gde je tu čar? Kakav je to život bez nerviranja? Možete ga spakovati u dve torbe. Pogotovo ako mu je oslabila šasija.

8. **Slavija**. Kružni tok Slavije vam je neophodan bilo gde na Zemlji. Kad se setim koliko sam puta kružio ovim trgom i uvek našao izlaz! Postavite ga ispred vaše kuće pod hipotekom i uživajte dok se vaša deca voze u krug u svojim automobilčićima. Slaviju nemojte da pakujete sa

vašim prtljagom. Stavite ga u dečiji. Njima će više koristiti u životu, kada budu tražili izlaz.

Nadam se da sam vam pomogao, ukoliko odlazite iz našeg belog zavičaja. Kad se vratite, ispričajte mi koliko su vam moji saveti pomogli. I ako možete proverite Knez Mihailovu. Izgleda da ste spakovali i par Beograđanki.

Ne lipši magarče do mirišljave šišarke
Nekada je bilo dovoljno da imate dezodorans da bi bili pravi muškarac. Danas Beograđani u kući imaju asortiman kozmetike, kao što prosečan Amerikanac ima arsenal oružja – za svaki slučaj, ako mu neko uđe na nepozvan na posed.

Ne sećam se tačno kada sam dobio prvi dezodorans od majke, kao što ne mogu ni da se setim koje je marke bio. Ono čega se dobro sećam u vezi sa prvim muškim komzetičkim preparatima je da sam posle brijanja stavljao Brion kao i moj tata. Ne znam da li Brion još postoji u radnjama, ali onda je bio jedan jedini. Na njega je mirisao sav muški svet u mom ulazu, a i šire. I taman kada se činilo da će trajati večno, dogodio se neočekivani preokret u vidu šišarke. Naziv te čudesne vodice posle brijanja koja se pakovala u bočice nalik na šišarku – a tako je i mirisala – bio je Pino Silvestre.

Godinama je skoro svaki gimnazijalac i student u Beogradu mirisao na četinarsku šumu. To se potpuno uklapalo sa šumovitim devojkama iz tih vremena. Za razliku od današnjih kodžaka i brazilki svaka poštena cura je dole gajila intimni šumarak. A kada se spoje miris šišarke i šumica, onda je to savršena priroda.

Prvi pravi parfemi koji sam krišom stavljao iza uveta je bio ćaletov Old Spice. Taj neponovljivi miris može da se uporedi sa mirisom nepokošene trave, dečje kreme ili maminog ručka. Dok sam lebdeo u tom parfemu, shvatio sam o čemu se radi: najzad sam postao muškarac!

Nešto kasnije, dobio sam Brut, ali mi ga je tata konfiskovao jer sam mu potrošio Old Spice. Naravno, kada god bi otišao na posao, koristio sam moj parfem. Mislim da je on znao za to, ali nije znao da se toj akciji trošenja opojnog mirisa iz njegove sobe pridružio i moj stariji brat. Otac ga je jednom uhvatio u nedelu i iznenađeno rekao: „Zar i ti, sine, mog Bruta?!" Iako sam se već navikao da lepo mirišem, ni narednih godina u kući nije bilo više od jednog parfema na nas trojicu.

Što se tiče brijanja koristili su se takozvani bikovi za brijanje, a posle brijanja osim Briona i Pina stavljala se Nivea ili Solea krema. Lice mi je često bilo crveno ili u plikovima – valjda mi nije prijala ta kombinacija. Izgledao sam kao Englez kada dođe u Grčku na more, pa mu nos i obrazi izgore već prvi dan.

Dramatični preokret u mom životu dogodio se početkom devedesetih. Imao sam svoj Kuros, koji sam kupio u free shopu na aerodromu dok sam putovao u Tunis na odmor. Dugo sam ga čuvao i trošio samo za specijalne prilike. Čini mi se da mi je trajao barem dve godine. Poslednje kapljice se poklapaju sa početkom raspada zemlje u kojoj sam se rodio, a narednih godina počinje i kriza korišćenja dezodoransa u našem glavnom gradu. U tom periodu, najzad smo mirisali kao naši preci. Ne mislim na majmune, nego na naše dede i pradede.

Tešku situaciju sa muškom kozmetikom olakšala je ekspanzija novobeogradskog i pančevačkog buvljaka. Sada je svaki pripadnik jačeg pola mogao da nađe svoj miris po relativno pristupačnoj ceni. Od dezodoransa iz Mađarske do turskih kopija poznatih parfema. Nove generacije Beograđana su tako stekle naviku da lepo mirišu.

Ipak, poslednjih godina u Beogradu ima i onih muškaraca koji preteruju sa upotrebom raznih preparata za lep izgled. Kao da više nemamo onaj iskonski muški miris. Čast izuzecima na autobuskim linijama 16, 23, 53 i 95. Postali smo isuviše mekani i to žene primećuju. Preuzele su dominaciju, a mi smo preuzeli toaletne stočiće. Zato se i kaže: „Zna se ko u našoj kući nosi pantalone!" Nosimo ih i mi, ali ne smemo da ih skinemo – svi bi videli da smo obrijali noge!

Izvinjavamo se, mnogo se izvinjavamo

Teško da će se ponoviti vreme kada su mladi Beograđani u autobusu ustajali starijima. Promenio se grad jer se promenio i život. Sada se brže živi, pa i omladina ima potrebu da se odmori u prevozu jer nema gde drugde.
Penzosima je ionako svejedno – misle mladi – njihov večni odmor samo što nije stigao.

U Beogradu se ovih dana retko čuju reči „pardon", „izvinite" ili „hvala". Kad vam ih neko kaže, prosto se začudite. Hmm, da li je ironičan ili je možda lud?

Probajte da uđete u društvenu radnju, a da ne stanujete blizu nje. Čim vide da vas ne poznaju, radnice će vas u najboljem slučaju kiselo pogledati. Naravno, nisu one krive. Sa tom platom, dobro da su i normalne.

Najgore je, ipak, u domovima zdravlja. Jednom sam prisustvovao sceni kada je stariji gospodin pitao medicinsku sestru gde je njegova doktorka. A ona mu je odgovorila: „Matori, je l' ti misliš da sam vidovita??!!" Kada je rekao da ima zakazano, ona se pozvala povišenim glasom: „Je l' ti razumeš srpski, bre?!!", gospodin je seo i progutao knedlu. Hteo sam da ga utešim, ali kada me je sestra zviznula pogledom samo sam spustio glavu i pomislio: „Zamalo zbog matore budale i ja da nastradam!" Naravno da nisam to stvarno mislio, ali rek'oh sebi – ako je sestra stvarno vidovita i čita misli, možda je bolje da joj pošaljem ovu poruku.

Slične situacije možete doživeti i dok vadite pasoš ili ličnu kartu. Po pravilu vas dočekuje ženska osoba srednjih godina u doživotnom pe-em-esu. Svako vaše pitanje izgledaće glupo i nepotrebno. Što više pitate, veća je šansa da nećete dobiti to što tražite. Ako kažete „izvinite", ona će reći „šta je". Ako kažete: „da vas pitam", ona će sigurno: „pitaj, čoveče". Još su opasnije prema ženama koje dođu da vade dokumenta. Što lepše i sređenije, to gore po njih. Šetaće ih od šaltera do šaltera, dok im se ne istopi šminka. Kada donesu sve potrebno, prezrivo će im uzeti papire kao da im daju dokaz da nemaju picajzle, a ne da vade lična dokumenta. Oni koji izmame osmeh od ovih pitbul terijerki verovatno su profesionalni dreseri pasa ili lavova. Ili su u rodu sa predsenikom opštine.

Ne ponašaju se samo službenici raznih institucija kao potomci Tarasa Buljbe, nego i svi mi. Može vam se desiti da vas neko pukne u prolazu ramenom kao hokejaš čuvenim „bodičekom" i da prođe dok je vama rame skoro ispalo iz ležišta. Možete i da se sapletete i padnete na ulici, a da svi prođu pored vas kao pored turskog groblja.

Što je kriza veća, to više kriziramo kao ljudska bića. Ponekad je najbolje ne izlaziti nigde iz kuće. Tako možete izbeći sve neprijatnosti koje vas vrebaju u beogradskoj džungli na asfaltu.

Jedini izlaz je verovatno u nama samima. Treba da stanemo pred ogledalo i kažemo: „Mogu da budem bolji čovek!" Toliko valjda dugujemo ovom gradu koji nam je sve pružio. Ili mislite da preterujem.

U tom slučaju – izvinite!

Muška posla

Može da priča šta god ko hoće, ali leto je najlepše godišnje doba u Beogradu. Uvek ima onih dosadnjakovića koji favorizuju zimu. Kažu da nema ništa lepše od skijanja i kad voziš kristijanije i plug po planini. Zima i jeste za te tipove...

Tipovi koji idu okolo i hvale zimu, u stvari, jedva je dočekaju da bi pokazali tek kupljene skije, jaknu, naočare kod šanera i devojku za novu ski sezonu. Obično se to događa na Kopaoniku, gde kafa košta kao da je napravljena i upravo stigla iz Brazila. Na takvim mestima se ne možemo meriti sa njima.

Ali, kada dođe leto u naš glavni grad, svi smo isti. Dovoljna je majica, farmerke i patike. Naočare za sunce mogu da se kupe i na ulici. I na njima piše „Dolce&Gabbana". Sedneš, tako, u baštu nekog kafića u centru, naručiš pivce i uživaš u veličanstvenosti Beograđanki. Dok zanosno hodaju i znaju da ih gledamo, nije bitno da li je u vašoj garaži mamin ajvar, jugo 45 ili audi 5, 6 ili 7. Svi polažemo ista prava na uživanje. To je onda pravo besklasno društvo, skoro k'o Pariska komuna.

Leto u Beogradu sa sobom nosi još mnoge pogodnosti. Od letnjih bazena do Ade. Kupanje na ovim mestima, takođe, izjednačuje sve koji tu borave. U principu baš nas briga ako je neko platio kupaće 100 evra. Taj je ili budala ili u gaćama ima osmo čudo sveta. A svi znamo da čuda ne postoje i da veličina nije bitna. Tako da nema ništa lepše nego leći potrbuške u kupaćim gaćama kupljenim na buvljaku i razgledati prirodne lepote našeg glavnog grada.

Izbor je, uglavnom, fantastičan: plavuše sa silikonima, crnke sa tangama i brinete u vrućim pantalonicama. Onda se sve to pomeša kao najbolji koktel na svetu. Dok ga ispijate očima, vrti vam se u glavi, a beton ispod vas počinje da žulja. Odmah ustanite i uđite u bazen ili Adu. Ohladite misli, kao što se pivo rashladi kada stoji dovoljno dugo u frižideru. Imate jedan život. Glupo da ga izgubite zbog silikonskih grudi. To su samo obične kesice ispunjene želatinom.

Mada, lako je to napisati ili reći. Mene je prvog zamalo kap udarila kada sam prvi put video nove „četvorke" na jednoj devojci iz komšiluka. Činilo mi se da mi je srce nepravilno pumpalo, kao kada pumpadžija na pumpi sipa gorivo pa onda pomalo stiska ne bi li zakinuo na benzinu. Tako je meni krv stizala do moje srčane pumpe u nepravilnim razmacima. A komšinica ih je, čini mi se, još više isturila kada je videla koliko mi se složilo. Mogla je da me ubije na mestu! Već sam zamislio moju sliku i naslov u novinama: „Silikon mu došao glave!" Ipak, nemojte da vas ove moje ničim izazvane crne misli skrenu sa teme.

Leto je napokon i ove godine stiglo u Beograd i treba mu se maksimalno prepustiti. Ono nas podseća da je život lep i samo jedan i jedini, a silikona ionako ima na pretek.

Ono malo duše

Nije lako kada dođete prvi put u Beograd. Veliki je to grad sa puno stvari koje treba videti. Osim onih obaveznih mesta na koje strance vodimo, kao što su Kalemegdan (to je brdo tj. planina, kao što reče onomad ministar policije) ili Terazije (tu huligani redovno razbijaju izloge – rekao ja, a ne ministar), postoje i neka druga mesta...

Osim glavnih gradskih destinacija, „sporedne" lokacije su rezervisane za oko i dušu svakog pojedinca. Ako pojedinac ubedi nekoga u lepotu „sporedne" lokacije – još bolje.

U mom slučaju, u pitanju je jedna ulica u kojoj niti stanujem, niti sam poljubio devojku na njenom asfaltu. Ipak, prema Aberdarevoj gajim posebna osećanja. Nalazi se pored Pete beogradske gimnazije koju sam završio uz pomoć komšijskih veza iz 27. marta. Volim je jer je tako strma. Kada uđem u nju iz Ilije Garašanina i počnem da se penjem, osetim kako mi duša izlazi na nos. Bolje rečeno, na nosinu. To mi je valjda genetsko nasledstvo po tatinoj liniji. Dok se približavam zgradi RTS-a, vidim svoju dušu kako dahće pored mene. Onda duboko uzdahnem na nozdrve i vratim je tamo gde joj mesto. To je naravno greška koju godinama pravim.

Da bih došao do Tašmajdanskog parka, preostaje još čitav red stepenica uzbrdačke. Kad sam u formi istrčim do vrha k'o Roki Balboa, a kada sam umoran od života, onda se kao prebijeni pas popnem do cilja. Kad povratim dušu, prvo se požalim što nemam prćast nosić kao moja mama. Onda se oraspoložim tako što sebi u bradu ispričam vic.

Na primer: Šta kaže kokainski zavisnik kad promaši liniju? Odgovor: „Tražim čelendž!"

Dok se moja duša i ja smejemo grohotom, prolaznici nas zaobilaze široko, što bi rekao Džoni Štulić. Zato obavezno idite uzbrdo Aberdarevom i osetićete sve čari te ulice.

Kad god sam se spuštao nizbrdo, nisam osetio ništa osim dosade. Mada je Aristotel rekao: „Dosada je majka filozofije" – ne slažem se sa njim. Toliko puta sam se spuštao niz Aberdarevu i nije mi palo na pamet ništa osim krede koja me zviznula doletevši iz kabineta za geografiju sa drugog sprata moje nekadašnje srednje škole.

Inače, Aberdareva ulica je dobila ime po Milanu Kujundžiću Aberdaru, koji je živeo u drugoj polovini 19. veka i bavio se pesništvom, filozofijom i politikom. Testament koji je ostavio dovoljno govori o kakvoj se zanimljivoj osobi radilo. Izdvojiću jedan deo koji će opisati izuzetnog čoveka: „Ja imam samo jedan pravi amanet, jednu malu želju, koja i mojim dragim prijateljima u srcu je, a to je: da u čovečanstvu napreduje moj srpski narod koga sam jako voleo. Jedina bi moja molba bila da mi se oprosti, ako nisam učinio onoliko koliko sam želeo"...

A, sada pravac u Aberdarevu, dragi moji. Ako promašite, ne brinite imate pravo na čelendž.

Svuda pođi, kući dođi

Nema ničeg lepšeg nego kada se sa odmora vratimo u Beograd. Trenutak kada vidimo naš grad, ravan je susretu sa dragim prijateljem iz detinjstva: ozareni smo i želimo da ga zagrlimo i nadoknadimo izgubljeno vreme.

Obožavam kad se vratim u Beograd posle nekog letovanja. Preplanuo i spreman za nove radne pobede. Kad sam bio mlađi, još je bilo lepše doći kući. Jer kada si mlađan lovac, na moru padne i neka morska ljubav. Sunce i jod nam otvore neke pretkomore u mozgu, koje su nam inače retko u upotrebi. Onako zaneseni govorimo razne stvari za koje nismo ni bili svesni da ih znamo.

Jednoj maloj iz Novog Sada recitovao sam Prevera, a mislio sam da sam zaboravio te fatalne stihove: „Lice ljubavi, opasno i nežno, jedne se večeri javi posle predugog dana. Možda je strelac bio sa lukom ili svirač sa harfom. Ne znam više. Zaista ne znam, znam samo da me je ranio možda strelom, možda pesmom. Znam samo da me je ranio, zanavek ranio i iz srca krv mi teče. Vrela me suviše vrela, ljubavna rana peče"... Novosađanka me je samo pogledala i otvorila se kao klizna vrata na aerodromu. E, sada probajte da ove stihove recitujete... supruzi. Mislice da ste na lakim drogama ili da ste dobili sunčanicu. Još zamislite da je tu i njen brat, vaš šurak. On će da se smeje k'o lud na brašno, a vi morate da trpite. Šurak je najbolji primer za izreku: „Čovek je najsavršenije biće koje svaka budala može da napravi." Skrenuo sam... sa teme.

Nije samo povratak u Beograd deo čarolije, već i ulazak u stan ili kuću u kojoj živite. Nešto neobjašnjivo se dogodi sa nama. Kao da nas obuzme spokoj što smo tu, gde nam je i mesto. Još ako vas čeka mamina pita u trpezariji ili domaće pivo u frižideru... da zaplačeš od sreće. Pa, tuširanje u svom kupatilu i nužda na najdrazoj WC šolji.

Na kraju, najlepše je leći u svoj krevet, bez obzira na fenomenalno dobar krevet u apartmanu ili hotelu. Svoja kućica, svoja slobodica!

A ujutro, kada se probudite, čeka vas užurbani i glasni Beograd u punom sjaju. Sve će da vam servira odmah: smog, nervozne vozače, iskopane ulice i najlepše devojke na svetu. Često mi se događa da upadnem u neku od rupa na Bulevaru, kada se zablesavim gledajući beogradske lepotice. Prošle nedelje sam upao u krater koji je bio veličine meteora kao da je iz serije „Dosije X". Samo, dok bi agent Molder imao pomoć agentice Skali, mene su dva grmalja spasla iz rupetine. Jedan je čak prokomentarisao: „Tebi će žensko kad tad doći glave!" Htedoh da mu odgovorim da mi je jedna već došla, ali sam prećutao. Jer, Ona sve čuje i sve vidi.

Eto, opet skrenuh... sa teme. To je sve zbog toga što sam skoro došao sa godišnjeg odmora i još nisam sasvim svoj. Mozak mi je i dalje u Jonskom moru. Pluta negde oko Kefalonije. Nadam se da će mi ga neki pošteni turista vratiti, mada mi je lepo ovako. Može i da ostane do sledeće godine, pa ću onda doći da ga pokupim. Ne žuri mi se nigde.

Oprostite, ali pardoniram
Izvinite... Molim... Oprostite... Pardon... Hvala... Doviđenja... Nazdravlje...

Nabrojaću i pojasniću sedam lepih reči koje iščezavaju iz rečnika, a žargon ih nikad nije ni upoznao...
1. IZVINITE! Ako naletite na nekoga, ovu davno zaboravljenu reč, ne izgovarajte nikada. Onaj drugi će misliti ili da ste budala ili da ste gej. Ako vam je potreban uvod u rečenicu kojom započinjete konverzaciju – zaboravite „izvinite". Poželjno je reći „znači" ili „brate". Znači, samo u tom slučaju, suprotna strana će vas ispoštovati, brate.
2. MOLIM! Reč potiče još iz pred (drugog-svetskog) ratnog Beograda. Danas možete da je čujete samo kad pogrešite broj, pa se javi neki nagluvi matorac i kaže „molim" nekoliko puta. Kada mlađi sugrađani čuju da neko kaže „molim" imaju neodoljivu potrebu da im odgovore rimovano: „Opalim te golim!"
3. OPROSTITE! Ova reč je samostalno prestala da postoji – sad je deo sarkastične fraze: „Izvini ali oprosti". Ako se upotrebljava sama za sebe, onda sve govori o izgovoritelju: mekušac je i beskičmenjak! Kada je kažete šalterskoj službenici, automatski zna da ste bedna, plašljiva srna. Onda će da iskezi zube poput bengalskog tigra i od vas će ostati samo srneća leđa.
4. PARDON! Nekada su se Beograđani pravili da su Francuzi, pa su stalno pardonirali. Ko je ovih dana upotrebi ili je francuski špijun – ili je bolid kakvog nema! Ako idete na tekmu i ako se na ulazu u stadion zaglavite na kapiji sa drugim likom čik mu recite „pardon". Budite

srećni ako vas ne dohvati on, njegova navijačka grupa, sa sve redarima i pandurima.

5. HVALA! Kao da nikad nije postojala u našem jeziku. Ovu reč izgovaraju, opet, samo stariji sugrađani kad dobiju lek na recept, bez obzira što se ne kaže „hvala" kad se dobije lek.

6. DOVIĐENJA! Predugačka reč za ovo brzo vreme... Ponekad se u prolazu čuje „zdravo" ili „ćao", a kad se četuje ili je tu smajli koji maše, „zdr" ili kratko i jasno „ć".

7. NAZDRAVLJE! Reč koja se nekada u Beogradu rado kazivala kada neko kine. Time ste toj osobi pokazivali da vam je stalo da bude u dobrom stanju i da mu ništa ne fali. Danas kada neko kine pored vas, obično bežite da vam ne prenese virus i dodate „E, crk'o daboga!"

Oženi, oženi!

Ako ste kojim slučajem oženjeni, ovaj tekst vam neće ništa značiti, osim što ćete da izgubite nekoliko minuta dragocenog života.

Svake godine se sklopi mnogo brakova u Beogradu. Neki se ožene jako mladi i onda se natenane kaju. Zato sam odlučio da dam par saveta budućim mladoženjama na šta treba posebno da obrate pažnju kada nalete na nagaznu Beograđanku.

1. TAŠTA! Majka vaše žene. Neverovatna kombinacija zmaja i zvečarke, koja slikovito pokazuje šta vas čeka kada vaša draga uđe u menopauzu. Nije bitno da li je gospođa Beograđanka ili živi negde u Srbiji. Obavezne fraze koje morate da znate kada se obraćate tašti su: „ljubim ruke", „uradiću, naravno", „nije mi teško" i „ručak je bio fenomenalan". Ako ste bili uvlaka od rođenja, onda ne zaboravite: „danas, majko, izgledate sjajno".

2. KUMA! Najbolja drugarica vaše žene. To je posebna vrsta ljubavi koju nikada nećete razumeti. Vi ćete uvek biti uljez koji je uništio njihovu idealnu vezu. Ako se ikada budete razveli, znajte da je kuma zvana Lukrecija Bordžija bila glavni trovač. Nikada nisam čuo da je neki muž u fenomenalnim odnosima za ženinom kumom. Ako jeste, onda je to samo zbog seksa. Sa ženom, naravno.

3. NAJBOLJI ORTAK! To je najbolji prijatelj vaše supruge. Obično je seka persa, a to znači da ćete mu ići na živce. Netrpeljivost će pokazivati tako što će komentarisati da ne voli glupi fudbal i da gleda samo tenis. Vremenom će nestati iz vašeg života, jer će vaša žena shvatiti da je suvišan. To je zato što i vi posle nekoliko godina braka postajete seka persa i fudbal gledate samo kad ona nije kod kuće.

4. ŠOPING! (ili, po naški, kupovina). Horor filmovi su obična dečja zabava u odnosu na odlazak u neki od tržnih centara ili u Knez Mihailovu sa suprugom. To je mač sa dve oštrice. Naime, dok čekate dragu koja kupuje gaćice, shvatićete da ste u radnji okruženi lepoticama koje kupuju donji veš. Uživaćete dok vaša žena ne primeti da balavite, a onda... ili ste nadrljali kad se vratite kući ili ispraznite novčanik skroz!

5. RADOVI U KUĆI! Majstori u raznim angažmanima. Svaka Beograđanka ima hiljade ideja kako da potroši vaš mukotrpno zarađeni novac. Taman kad napravite kakav takav crni fond, ona dođe i kaže da bi trebalo da se uradi nešto u kući. Da li je to krečenje, američki plakar ili tuš kabina umesto kade, sasvim je svejedno. Dok budete plaćali majstorima, znajte samo jedno: i on kod kuće ima istu takvu, koja će mu vaš novac izbiti iz džepa. Mislim... ako je neka uteha.

6. DA, DRAGA! Najvažnije reči za dugovečan brak. Morate shvatiti da su one uvek u pravu. Zašto gubiti snagu na nepotrebne rasprave sa ženom, kada ćete ionako popustiti. Evo, upravo dok vam ovo pišem, moja me pita da li mogu da odvezem njenu majku i kumu u šoping.

Odgovor i vi sada znate: „Da, draga!"

Gospodin inspektor Hari i gospođa Anđa

Beograđani vole da sanjaju. I ja sam jedan od njih. Možda jednom napravim stranku „Beogradski sanjari". Članarina će biti deset snova mesečno.

Od kad sam video Pamelu, nju više ne sanjam nego je se sa radošću sećam! A kada sanjam, Beograd je uvek glavno mesto u kome se odigravaju moji snovi. Najčešće ga sanjam onako kako ga pamtim kada sam bio mali. Nekako je bio čistiji, veseliji i mirniji za život. Nije bilo mnogo automobila u mojoj ulici, a čini mi se da je bilo više dece. Sada decu vidim samo kada ih majke vode u školu.

A automobili su posebna priča. Pošto stanujem u prizemlju, čujem kad god neko pokreće kola i turira mašinu. Koliko su me samo puta probudili iz najlepšeg sna.

Baš pre neko jutro bio sam na jahti sa Anđelinom Džoli. Plovili smo Dunavom i Savom; ona je uživala u lepoti Beograda, a ja u njenoj lepoti. Za kormilom je bio sa kapetanskom kapom Bred Pit.

Dok smo se Anđa i ja mazili na suncu, došao je konobar u beloj uniformi i ona mu je rekla: „Nama daj šampanjac, a Bredu pitu!" Bred nas je pogledao ljubomorno, ali ništa nije komentarisao. Gledao je zamišljeno spomenik Pobednika i pitao se kako je postao gubitnik. Bilo mi ga je žao, pa sam mu izdeklamovao onu Sokratovu koje se sigurno ne bih setio na javi (ali, podsvest je čudo): „Brak je nešto zbog čega se svaki čovek kaje. Bilo da ga sklopi ili ne sklopi." Dok su mu suze išle niz lice, osećao sam se moćno.

Zaveo sam najlepšu ženu na planeti, koja mi upravo prilazi i kaže: „Pusti Breda, ljubi me!" Napući usne... i onda čujem pokušaj paljenja yuga 55 i uskoro psovanje crknutog akumulatora. Vidim sebe kako se mrštim jer mi nije jasno otkud yugo na jahti? Vidim Anđu – zatvorila je oči, spremna za poljupce. Verglanje postaje sve nesnosnije. Odjednom se budim: moja soba, jastuk mokar od balavljenja. Lice u znoju ili mokro od pljuvačke. Idiot ispod prozora je napokon upalio kragujevačko čedo i krenuo niz ulicu. Sedim na krevetu ošamućen od šampanjca kog nisam ni liznuo i lepote koju nisam ni dotakao.

Imam još snova koje redovno sanjam, a u kojima je Beograd uvek savršen grad za mesto snoviđenja.

Snevam kako na Marakani dajem pobedonosni gol u poslednjem minutu protiv Barselone; sanjam kako pobeđujem na Beogradskom maratonu ili kako držim koncert u dupke punoj u Areni, a ispred je ostalo još hiljade ljudi; sanjam da sam prljavi inspektor Hari i da zavodim red na ulicama sa sve magnumom...

U poslednje vreme redovno sanjam kako Prle, Tihi i ja oslobađamo Beograd. Skoro sam sreo Voju Brajovića i Dragana Nikolića na jednom prijemu, pa sam im prišao i rekao: „Nalazimo se u ponoć kod železničke stanice. Budite tačni!" Tek kada sam video njihove poglede, shvatio sam da sam pomešao javu i san, a oni su verovatno mislili da sam pijan. Izvinio sam se i krenuo ka šanku.

Kad sam te noći ušao pod jorgan, ukazala mi se u snu železnička stanica. Ne vidim ih. Znači da kasne! A lepo sam im rekao da budu tačni!

Deda, a šta je to seks?

Beogradski humor je specifičan. A opet – i nije. Tesno je povezan sa svakim gradom u Srbiji, jer većina ljudi koji su napisali ili izgovorili nezaboravne humorističke tekstove nisu rođeni Beograđani, već su u Beograd došli u jednom trenutku i ostali doživotno...

Teško je nabrojati sve ljude koje su na razne načine unapredili humor u našem glavnom gradu – glumci, aforističari, pesnici, pevači ili zabavljači. Ako mene pitate, prvo mi na pamet padaju Miodrag Petrović Čkalja (rođen u Kruševcu), Zoran Radmilović (Zaječar), Dušan Kovačević (Mrđenovac kod Šapca) i Dušan Radović (Niš). Osim ovih legendi mogao bih se setiti još mnogih koji su „zadužili" beogradski humor, ali onda bi ceo tekst bio nabrajanje neverovatnih ljudi koji su nas terali na smeh na razne načine.

Kada pomislim na Čkalju uvek se setim serije „Vruć vetar" po scenariju Siniše Pavića (rođen u Sinju) i čuvenog dijaloga sa unukom. Pita mali: „Deda, a šta je to seks?" Čkalja će zbunjeno, dok mu pravi sendvič: „Se... seks?... To ti je ono salama... pa, onda ono odozgo. I tako se to pritisne." A onda odjednom Čkalja počne odlučnije da objašnjava unuku: „A, seks pitaš?! Pa, to je keks! Jesi li jeo keks? To je jedna vrsta keksa. Sladak keks, sladak seks!" Možemo samo da nagađamo kako je izgledao originalni Pavićev scenario, ali svakako da je legendarni Čkalja i sam doprineo da ova epizoda bude urezana u pamćenje mnogih generacija.

Opet kad pomislim na čika Duška Radovića, prvo čega se setim je aforizam: „Ako već tučete decu, tucite ih bez razloga. Jer, svi drugi razlozi su gluplji". Duhovitost ovog neodoljivog namćora sa vrha Beograđanke godinama je bila zaštitni znak glavnog grada.

A šta reći o dramama Dušana Kovačevića po kojima su snimljeni nezaboravni filmovi i odigrane pozorišne predstave čije replike svi koristimo u svakodnevnoj komunikaciji. Kao recimo, kada nezaboravni Bata Stojković u ulozi Ilije Čvorovića u filmu „Balkanski špijun" kaže: „Slušajte, druže, možda ste pogrešili broj, ali ste dobili onoga koga ste tražili!"

Koliko puta sam kao klinac čuo mog ćaleta kada na sličan način razgovara sa ljudima koji par puta pogrešno pozovu naš broj telefona. I obavezno na kraju doda: „Može centrala jednom da pogreši..." Interesantno je da se moj tata uvek javljao na telefon kada neko pogreši broj. Kao da su sa druge strane veze nepogrešivo zvali baš kada bi se najnervozniji član naše familije javljao na telefon.

U predstavi „Radovan Treći" sjajan monolog izgovara genijalni Zoran Radmilović: „Je l' imate sat, gospodine Radovane? Imam... Koliko je sati? Neću da ti kažem! Zašto? Raspričaćeš!"

Možda je najbolje da ovako završimo ovaj tekst. Ako mislite da sam vas zakinuo za još čuvenih replika, možete se žaliti mom uredniku. Mada, koliko ga poznajem, ako ga pitate za mene reći će vam nešto iz „Maratonaca" kao: „Ko je njega poznavao, pakao mu neće teško pasti!"

Osmeh se ne naplaćuje
Često sam se pitao, koji su to najvažniji razlozi zbog kojih volim grad na ušću dveju reka ispod Avale. Istrajnom analizom poput naučnika iz Vinče, došao sam do odgovora. Mislio sam da ih sačuvam za sebe, ali ću ih ipak podeliti sa vama.

MOJA MAMA - Mogao bi da vam pričam bajke o njoj, ali možda bi bilo najbolje da je upoznate. Kod nje se ne zna šta je lepše. Dugo sam se dvoumio da li je to njen ručak ili kolači, ali na kraju je pobedilo nešto treće. A, to je mamin osmeh. Ko god hoće da ga vidi, neka se javi. Obavezne su samo naočare za sunce. Zbog vaše lične sigurnosti, kada mamini zubi i duša blesnu.

BOTANIČKA BAŠTA - Na uglu Dalmatinske i Takovske ulice. Ima ljudi koji ceo život provedu u Beogradu, a ne odu da obiđu „Jevremovac". Tako je pravo ime ovoj jedinici Biološkog fakulteta u Beogradu. Ja sam uvek obožavao da odem u ovu oazu zelenila. Obavezan je oblizak japanskog vrta. Nemojte da se plašite i kad naiđu neki japanci. Oni više nemaju nikakve veze sa samurajima. Moderni Japanac umesto mača zvanog katana ima foto aparat. I ženu koja mu stalno nešto drobi, kao da je naša.

BRANKOV MOST - Premošćava reku Savu i spaja Novi Beograd ca centrom. Tako barem piše u popularnoj Vikipediji na Internetu. Za mene ovaj most ima mnogo dublje značenje. Toliko puta sam pratio devojke sa moje strane Save na njenu stranu. Išao sam i peške i autobusom i kolima, a par puta sam i kao ptica leteo. Dok mi jedna nije potkresala krila.

KOMŠILUK - Dok se u manjim mestima ljudi koji stanuju jedni pored drugih druže svakodnevno, ovde to nije slučaj. Može vam se desiti da vam se komšija iz ulaza nikada ne obrati sa „Dobar dan". Što sam stariji i ja postajem takav i napokon razumem moj dragi komšiluk. Dan je možda dobar u Stokholmu ili Helsinkiju, ali u Beogradu već ga po jutru poznaješ, i znaš da neće biti dobar. Zato ja volim moje komšije, jer tajnu teškoće življenja u našem gradu prenose jedni drugima. Sa kolena na koleno tj. sa ulaza na ulaz.

ŠIRINA - Bez obzira na sve izazove, naš Beograd ima širinu. Povremeno deluje kao neki debeljko koji se uvek smeje, ma šta da se dogodi. Ovde nekoliko godina možete da ne naletite na čoveka koji vam duguje pare. Možete da ne sretnete bivšu ljubav koja vas je ostavila zbog nekog vetropira i po desetak godina. A, kada ste u lošem raspoloženju, možete i sami da se sakrijete od svih na neko vreme.

Evo i ja već sat vremena plovim ulicama Beograda i uživam u njegovoj širini. Ako se izgubim, recite mojoj mami da se nasmeje i obasja put. Umesto svetionika...

Za(branjeno) pušenje

Januar je idealan mesec da donesete važne odluke. Možete to uraditi i u ponedeljak, ali prvi mesec u godini je još zgodniji jer dolazi samo jednom godišnje. Ako ste spremni, počinjem:

1. POČINJEM DA PUŠIM - Čini mi se da Beograđani puše više nego ikada. Verovatno je to neka vrsta građanske neposlušnosti. Zato sam odlučio da i ja počnem da duvanim. U inat zakonu. Ma, makar popio ili popušio kaznu, kako li se već kaže u našem narodu...

2. VIŠE NEĆU SIT DA JEDEM - Jedemo i kada nismo gladni. Kao da će sutra biti smak sveta. Ja zato pri zdravom razumu kažem: „Od sad jedem samo kad sam gladan". Biće teško, ali izdržaću. Kad je mogao Gandi i ja ću. A, možda i posle kao on dobijem ulicu u Novom Beogradu.

3. BRIJAĆU SE SVAKI DAN - Meni je dovoljan jedan dan da se ne obrijem, pa da izgledam kao terorista najekstremnijeg ogranka iz Pakistana. To se više nikad neće desiti. K'o me vidi neobrijanog, neka me odmah prijavi američkoj ambasadi.

4. UKLANJAĆU SADRŽAJ MOG PSA - Mnogi Beograđani kao i ja imaju psa. I mnogi se kao i ja prave ludi kada on obavi veliku radnju. Odlučio sam da postanem društveno odgovoran. Ne morate da mi se zahvaljujete. Dovoljno je da ne pominjete mene i mog kera, kada ugazite negde u braon sadržaj i počnete da psujete.

5. VRATIĆU KNJIGE PRIJATELJIMA - Uvek sam mrzeo kada nekom pozajmim neki film da odgleda, a nikad ga ne dobijem nazad. Verovatno sam zato postao onaj koji ne vraća knjige. Znate tu vrstu sigurno. E, pa ja više neću biti takav. Sve knjige ću vratiti njihovom prvom vlasniku. Osim „Ane Karenjine", ali to je već duga priča. Ne mislim o dužini i broju stranica, nego o vlasniku tj. vlasnici knjige. Ma, razumete me sigurno...

6. TELEVIZOR NEĆU UKLJUČIVATI KADA DOĐU GOSTI - Verovatno ste primetili da je televizor postao sastavni deo svih naših druženja. Pozovemo kumove ili prijatelje i onda umesto da se ispričamo sa njima, mi se družimo sa virtuelnim društvom sa TV ekrana. Zato se i većina nas najviše ispriča sa prijateljima na vratima, kada polako krenu da se spremaju da idu kući. A, znate zašto? Jer nam tu više nije televizor u vidokrugu, pa možemo da se koncetrišemo na goste.

Eto, to su moje odluke. Donesite i vi vaše, pa da uporedimo. Samo nemojte danas. Zvala me ona osoba za „Anu Karenjinu". Kaže da mora odmah da me vidi ili će skočiti pod voz. Od muke mi dođe da prestanem da pušim, iako još nisam ni počeo.

Seksualna (r)evolucija

Seksualno sazrevanje u Beogradu danas nije kao nekada. Stasale su nove generacije Beograđana i nova, potpuno drugačija deca. Ko mi ne veruje, neka ode na net i napravi profil na sajtu za okupljanje mlađe, a bogami i starije generacije, tj. Facebook.

Kompjuterska tehnologija je današnju omladinu oslobodila stida i njihovo sazrevanje je neuporedivo brže od prethodnih generacija. Ako ste otac ženskog deteta u pubertetu i ako krstarite internetom, pa još i Facebookom možete da naletite na sliku svoje šesnaestogodišnje ćerke u bikiniju ili još gore – u toplesu. Tako sam naleteo na komšijinu ćerku. Dok sam brže-bolje gasio komp da ga više nikad ne uključim, mislima sam se vratio u prošlost...

Sećam se da sam prve gole ženske video u časopisima „Čik", „Start" i „Zum reporter". I to samo zato što je moj stariji brat nabavljao te nezaboravne časopise. A šta da nisam imao starijeg brata? Verovatno bih kao Neša, moj drugar iz klupe, isecao slike glumica i pevačica iz „Bazara" i „Ilustrovane politike" i balavio nad njima. A na slici pored glumice je obično bio njen muž. Jednom sam ga pitao: „Što nisi isek'o muža, a ostavio samo glumicu?" Odgovorio mi je: „Volim da me gleda, dok ja gledam nju!" Kasnije, Nešu više nisam viđao, ali sam čuo da se oženio i da mu je žena glumica. Ne znam da li je isecao slike žene i gledao samog sebe. Ako nije, neki napaljeni klinac sigurno jeste.

Da biste došli do seksa u socijalističkom Beogradu, morali ste mečku da rodite. Prvo i najvažnije da bi smuvali devojku morali ste da izlazite sa njom bar mesec dana. Poljubac je bio nagrada koju ste mogli dobiti za toliku upornost, ali više od toga – malo morgen. Narednih tridesetak dana, vodili ste borbu ne bi li zavukli ruku ispod njene majice. Dok bi vas hormoni udarali direktno u mozak, znoj vam je curio niz vrat, a uši su vam gorele kao sijalica od 100 vati. Onda bi ona malo popustila, ali daleko je bilo sunce koje ste želeli da vas obasja.

I onda kada bi izgubili svu nadu, događalo se čudo. Odlučila je da popusti! Prvi dodir vašeg znojavog dlana i njene nabubrele golubice vredeo je čekanja! Dok ste bili na sedmom nebu, vrtelo vam se u glavi od uzbuđenja. Meni se tako zavrtelo u glavi da sam se zaneo i opičio glavom o babinu komodu od hrastovine. Morali su u Urgentnom tri šava da mi stave. Kada me je doktor pitao da li sam se tukao sa nekim, odgovorio sam: „Ma, jok. Bio sam sa devojkom!" Verovatno je mislio da sam mazohista koji se pali na bičeve i krv.

Danas je drugačije. Devojke vam same prilaze, a možete dobiti sve već na prvom sudaru! Curu možete zavesti i odvući u krevet posle prvog sastanka na nekom splavu ili na tehno žurci. Možete je očarati i preko Facebooka i na prvom viđenju dobiti ono o čemu smo nekada samo sanjali.

Devojke su slobodnije, hrabrije i odlučnije, a naši naslednici su isti kao što smo mi bili. Njima je na pameti ista stvar, koja je bila i nama. Kada dobiju ono što žele, njihovoj sreći neće biti kraja.

Ipak, oni ne znaju nešto što mi znamo. Na kraju će mu ta ista stvar doći glave. Naići će ta koja će mu zavrteti pamet i po jedno „da" u opštini i crkvi zauvek će ga poslati gde smo mi odavno. U papuču od zlata.

Welcome to Hellgrade
Dok prosečan Španac vozi kola stara 4-5 godina, prosečan Beograđanin i dalje vozi Juga iz 89, koji je vozio i njegov stari.

Beograd polako postaje pravi turistički grad. Dolaze stranci iz celog sveta da vide sve lepote naše prestonice. Znaju se mesta koja mora da obiđu kada dođu ovde, ali ja sam napravio spisak koji se razlikuje od standarnih stvari koje stranac treba da vidi u našoj prestonici poput Kalemegdana, Avale i splavova na reci.

Možemo zajedno moj predlog da stavimo na razmatranje, pa onda neka nadležni izaberu šta im odgovara za turističku ponudu.

Elem, moj spisak drugačije ponude u Beogradu je sledeći:

1. POSETA PETOČLANOJ PORODICI U STANU OD 50m^2 - ovo čudo od maksimalnog korišćenja kvadrata teško da ima u Švedskoj ili Norveškoj. Kod nas je normalno da otac, majka, dvoje dece i baba žive u pedeset kvadrata. I da fukcionišu... U slučaju romskih porodica popunjavanje kvadrature sa još mnogobrojnijim članovima domaćinstva je još funkcionalnije, ali to je već priča za Ginisa.

2. OBILAZAK FAMILIJA KOJE ŽIVE SA PROSEČNOM SRPSKOM PLATOM - ovo je nemoguće objasniti samom sebi, a kamoli strancu. Jer sa prosečnom platom koju imaju građani Beograda, u Berlinu bi pocrkali već posle prvog meseca. A, mi preživimo i taj mesec i sledeći i sledeći... i tako unedogled. I još smo nasmejani. Mada za to pre svega možemo zahvaliti lokalnim prodavcima opijata i farmaceutskoj industriji.

3. VOŽNJA KROZ GRAD SA JUGOM 45 ILI 55 - dok prosečan Španac vozi kola stara 4-5 godina, prosečan Beograđanin i dalje vozi Juga iz 89. koji je vozio i njegov stari. Ovu nezaboravnu mašinu nam je u nasleđe ostavio drug Stari, pre nego što je otišao u Kuću cveća. Dok se stranac bude vozio u jugiću moći će da uživa u nezaboravnim trenucima, posebno kad na 40 stepeni u hladu shvati da naš omiljeni četvorotočkaš nema klimu. I da prozori ne mogu da se otvore ako nemaju šrafciger.

4. ISPIJANJE PIVA SA BEOGRAĐANIMA ISPRED LOKALNIH RADNJI - dok se u svetu ljudi okupljaju u pabovima i restoranima, kod nas je to malo drugačije. Obično se ispred radnje u kraju okupe dvojica poznanika, a onda se tu ubrzo pojavljuju i druge pivopije. Prosto se multipliciciraju kao gremlini u istoimenom filmu. Ovo je, inače, nemoguće primeniti u bilo kojoj od zemalja Evropske unije, pošto se ova naša ispičuturska manifestacija dešava u radno vreme.

Eto, to su moji predlozi. Sve izmene i dopune su poželjne i prihvatljive. A, sada idem sa ćaletovim jugom prema našem stanu od 50m² da vidim da li je žena primila prosečnu platu. Pa, da odem na jedno pivce!

Pravila su pravila
Slobodno napravite i svoj izbor predloga za nove zakone i nemojte da se plašite da li grešite ili ne.

Država stalno donosi neka pravila. Imam četiri predloga za nadležne u vezi zakona koji bi takođe mogli da donesu.
Evo liste:
1. ZABRANA ČEŠKANJA GENITALIJA - ovaj zakon se takođe odnosi na muški rod. Imam komšiju koji šeta po kraju i svakih par minuta češka svog drugara u donjem delu. Kad naletim na njega uvek mi pruži desnicu, ruku od srca. Sve je to lepo, ali zbog njega perem ruke sa asepsolom.

2. ZABRANA NOŠENJA MINI SUKNJI - znam da mislite da ovaj predlog nije neki, ali Beograd ima veliki broj srčanih bolesnika. Kad dođe proleće i leto većina Beograđanki se poskida u miniće, a onda jači pol intenzivno oseća kako im se zaustavlja dotok krvi u srce. O dotoku bilo čega u mozak i da ne pričamo.

3. ZABRANA KORIŠĆENJA DEZODORANSA - bolje je da svi budemo isti što se tiče upotrebe dezodoransa. Imate građane koji se previše namirišu, a imate i one koji uopšte ne koriste dezodorans. Ni jedno ni drugo nije prijatno. Ukoliko stanete u gradskom prevozu između namirisane gospođe i nenamirisanog buzdovana, jedino što možete da se nadate da neće ući i penzioner koji se najeo belog luka. U tom slučaju, padate kao da vas je pukao Tajson u glavu.

4. ZABRANA DEČJIH PESAMA - pošto današnja deca ionako pevuše samo folk hitove, što bi ih mučili i učili dečije pesme. A, kada malo bolje razmislite kako može miš da sedne u džip ili da se razboli lisica. Ovako će deca da rastu uz tekstove poput: „Rakija me uzela pod svoje, moje pare sad konobari broje", pa će znati šta ih čeka u životu, ako se odaju tom poroku ili nekom sličnom...

Jer izreka kaže: „Grešiti je ljudski, ali je osećaj božanski!".

Kod kuće sedim, pijem bensedin
*Vino će vas toliko otvoriti da ćete napokon reći
sve što imate svojoj najdražoj. Samo pazite da
ne kažete baš svu istinu koja vam leži na duši.
Da ne biste plaćati alimentaciju.*

Septembar je mesec bez milosti u Beogradu. Na poslu nas čekaju nove obaveze, deca polaze u školu, a gužve u saobraćaju postaju nesnosne. Kako ga prebroditi, ako niste tajkun? Jedini način je da uzimate neke lekovite prozivode koji vam mogu pomoći u savlađivanju naizgled nepremostivih septembarskih problema. Da krenemo po spisku:

1. BENSEDIN - Taj čudesni lek za ošamućivanje koji većina Beograđana na kraju proba. Pre neki dan sam ga prvi put u životu konzumirao i to u apoteci u mom kraju. Dok sam hodao ka izlazu iz radnje kao kosmonaut Armstrong po Mesecu, rekao sam lepoj apotekarki: „Ovo je mali korak za mene, ali veliki za farmaceutsku industriju".

2. VITAMIN C - Uglavnom ga se setimo u jesen ili zimu. Najbolje je da ga korsitite preko limuna, karfiola ili paprike. Ima antioksidativno dejstvo i sprečava infekcije disajnih organa. Kada ga budeti uneli u sebe, obavezno otpevajte visoko C i videćete da bi vam i Pavaroti pozavideo.

3. PIVO - Sastojci iz ove čudesne tekućine podstiču aktivnost želuca i probavnog trakta. Umerenim konzumiranjem možete imati zaštitu i od srčanog udara. Prave pivopije neće mariti ni za jednu od ovih zdravstvenih kvaliteta piva, već će vam reći izreku: „Za razliku od žene, pivo ne moraš da izvodiš na večeru".

4. VINO - Ovo je jedno iskreno piće kao što kaže i izreka „In vino veritas" ili u „U vinu je istina". Dovoljno je par gutljaja da se opustite od septembarskog stresa i da vam se jezik razveze. Vino će vas toliko otvoriti da ćete napokon reći sve što imate svojoj najdražoj. Samo pazite da ne kažete baš svu istinu koja vam leži na duši. Da ne biste plaćati alimentaciju.

5. SPANAĆ - Sveži listovi ovog povrća sadrže mnogo hranljivih sastojaka. Bogat je vitaminom A, koji je važan za vid. Takođe, naučnici su dokazali da brže i bolje razmišljamo zahvaljujući spanaću. To znači da ćete imati oko sokolovo, a pored toga ukoliko naletite na neku zanosnu Beograđanku i započnete konverzaciju vaš mozak će reagovati na adekvatan način. Eto, mislim da imate dovoljno proizvoda koji vam mogu olakšati nervozni septembar u glavnom gradu. Ako ste baš očajni, onda možete i sve ovo što sam nabrojao konzumirati zajedno.

P.S. Kada odete na Urgentni, ne pominjite moje ime!

Volite li Bramsa
Popisivači su Beograđanima na poslednjem popisu postavili 71 pitanje.
Nije bilo lako ni nama ni ovima što su nas popisivali.

Bilo je tu raznih pitanja koja su izazivala sumnju kod nas koji smo ispitivani. Zato imam predlog manje sumnjivih pitanja za sledeći popis, koja bi morala naša država da postavi svojim građanima.
Evo moje liste:
1. DA LI STE NORMALNI? - Ovo je pitanje pre svega za bračne parove. I to one koji su u braku više od dvadeset godina. Za one koje su u bračnoj zajednici i duže od toga, ne moraju da odgovaraju. Samo neka kažu koje lekove piju.
2. DA LI VOLITE DA ŠETATE GOLI PO STANU? - Znam da je ovo pitanje malo indiskretno, ali može da pomogne da se opusti atmosfera između popisivača i stanara. Mada, ovaj što popisuje odmah će znati odgovor na pitanje kada mu stanar bude otvorio vrata.
3. DA LI IMATE GASOVE? - Svaka normalna država treba da zna da li se narod nadima i pušta gasove. Uglavnom se ova situacija pojavljuje zbog problema sa varenjem i odnosi se pre svega na stariju populaciju. Omladina nema problema.... sa varenjem.
4. DA LI ČAČKATE NOS NA SEMAFORU? - Ne postoji muškarac u Beogradu koji to ne radi. To je neka vrsta zen budizma za jači pol. Kao da se uspostavlja totalna ravnoteža između duha i tela.

5. DA LI VOLITE BRAMSA? - Sa ovim pitanjem popisivač reskira da ga neki građanin fizički napadne. Pravi muškarac u Beogradu je osetljiv na pitanje o voljenju drugih muškaraca. Pogotovo, ako ga pitate za nekog Bramsa, a on zna da taj nije igrač Bajerna.
6. DA LI HRČETE DOK SPAVATE? - Jačina hrkanja može biti i do 90 decibela, skoro kao kuhinjski mikser. Iako istraživanja pokazuju da muškarci hrču više od žena, odgovorno tvrdim da kada moja draga zahrče, miksuje jače i od najpoznatijih DJ-ejeva. Nadam se da će odgovorni uzeti u obzir ova pitanja za sledeći popis. Ne tražim nikakvu nadoknadu. Samo ako može da me stave na spisak popisivača. Jer ima jedna komšinica u mom ulazu, koju bih baš voleo da popišem...

Šampionska zvone zvona
Ako niste znali još po nečemu smo na prvom mestu ovog puta na Balkanu, a to je igranje igrica na kompjuteru.

Beograđani su specifična vrsta ljudi. U mnogim stvarima smo na prvom mestu, a ne samo u lepoti naših devojaka i žena. Zato sam obavio opsežno istraživanje na internetu i došao do nekoliko neverovatnih podataka.

Kao prvo: stanovnici Beograda su na prvom mestu u Srbiji po količini alkohola u krvi u toku vožnje. Posebno se ističe slučaj Beograđanina kojeg je policija uhapsila jer je vozio sa 5,50 promila alkohola u organizmu. Priča se da mu je šokirani policajac rekao: „Pa, čoveče, vi ste faktički mrtvi'", a da je na to podmazani vozač odgovorio: „Jesam, druže, mrtav... mrtav pijan... faktički"... E ,sada možete zamisliti koliko tek promila alkohola u krvi ima prosečan Beograđanin koji je pešak. Taj bi verovatno bio za „Ginisa". Ne mislim na čuveno pivo, nego na one što mere razne rekorde.

Od drugih kategorija gde smo šampioni, najviše zabrinjavajuća je higijena zuba. Po tim istraživanjima 56% stanovnika prestonice pere zube samo jednom dnevno. Svaki deseti Beograđanin nema nijedan svoj zub. Beograđanke se ne pominju. Valjda ih ne treba pitati za godine i zube.

Takođe, samo 20% đaka prvaka ima sve zdrave zube. Zamislite, kada jednom budete otišli sa decom u Rim, Madrid ili recimo Pariz, a na ulici neko bude rekao od prolaznika: „Ovo su Beograđani. Oni su poznati po tome što su im deca krezuba"... Video bi taj Španac, Italijan ili napirlitani Francuz da im kriza kao kod nas traje dvadeset godina i da su sredstva za ličnu higijenu koristili samo u slučaju krajnje nužde. Ovde kada se kupi pasta za zube, troši se do poslednjeg stiska. A, kada se potroši dotle, to nije kraj. Sećam se da je moj tata sa makazama sekao ambalažu na pola, pa smo brat i ja morali da četkicom skidamo poslednje ostatke paste. I to nekoliko dana.

Ako niste znali još po nečemu smo na prvom mestu ovog puta na Balkanu, a to je igranje igrica na kompjuteru. Trećina vlasnika računara u Beogradu od adolescenata do odraslih ljudi, provodi oko deset sati nedeljno ispred monitora igrajući razne igre. Kada sam to skoro rekao mom mladom komšiji, on mi je na to kroz smeh rekao: „Deset sati nedeljno? Ja toliko provedem dnevno, ha,ha" ...

Eto, ja sam vam dao neke podatke. Pa, vi izaberite kojoj ćete grupi Beograđana da se pridružite. Ovima što piju mnogo alkohola dok voze kola, ovima što ne peru zube ili igračima na kompjuteru. Da i dalje budemo šampioni!

O AUTORU

Prljavi Inspektor Blaža je rođen 10 godina posle svog brata, što verovatno znači da je greška prirode.

Ovo je četvrta knjiga ovog eminentnog književnika lakih i teških štiva. Osim pisanja, bavi se i muzikom, marketingom, vođenjem programa za decu i odrasle, šetanjem pasa za novčanu nadoknadu, kao i intenzivnim gledanjem filmova za džabe.

Ove Blažine priče su nastale mukotrpnim i požrtvovanim pisanjem za beogradski vodič „Singidunum Weekly".

SADRŽAJ

11 Stranci u Beogradu
13 Sreli se glista i pavijan...
15 Prst kneza Mihaila
17 Rock'n'roll tetkica
19 Roka i mlado i staro
21 Želudac bez dna
23 Vozi dalje, Taksisto!
25 Švedski sto
27 Bitka za veliko platno
29 Tvrđava iskustva
31 Vrh, brate!
33 Dovoljna je jedna dlaka
35 Drugarice, ljubavnice, veštice
37 Glavu gore!
39 A i vi ste došli, inspektore!
41 Travolta s' Moravu
43 Pismo Beogradu
45 Oni su Beograd
47 Ja, žena...
49 Prženje na asfaltu
51 Oni računaju na mene
53 Brdo po brdo – Beograd
55 Plankton u mojoj glavi
57 Majstori, majstori
59 Najbolji čovekov... podvodač
61 Čvarci, somovi i unučići
63 Ovo nije tekst o fakultetima!
66 Mobilizacija
68 Po šinama i pešačkim zonama
70 Nove turističke destinacije
72 Velikani od metala i kamena
74 Ko izgubi dobitak, dobije gubitak
76 Prelaziš, a ne primećuješ
78 Hlorovanje
80 Deset s lukom!
82 Krevet, kocka i krv
84 Mamine bele čarapice i tatin sako
86 Svet u kući
88 Samo jogurt uz burek!
90 Ko te šiša
92 Ruka led ledena...
94 BG Košava
96 Grad te čeka!
98 Uniformizacija
100 Kakav takav život

102 Alo, alo
104 Svadba, svadba...
106 Sladak život
108 Kraljević ili prosjak
110 Ne uznemiravaj!
112 Hoću lutku!
114 Medicina za bubrege
116 Bolje ispasti glup nego iz autobusa
118 Pitanje je sad: Maldivi ili Beograd
120 A jesi li čuo onaj vic...
122 Polovnjaci
124 Pare ili život!
126 Plafon nad glavom
128 Šećeraši i golaći
130 Poroci velegrada
132 Saginjanje, uklanjanje, matiranje
134 BG radio drama
136 Na slovo na slovo
138 Na slovo, na slovo – II deo
140 Moj Beograd srce ima...
142 Beograd ne zna šta je tišina
144 Kletva po kletva – tekst
146 Novogodišnji TV program
149 Dom je tamo gde ti je pas
152 Ne lipši magarče do mirišljave šišarke
154 Izvinjavamo se, mnogo se izvinjavam
156 Muška posla
158 Ono malo duše
160 Svuda pođi, kući dođi
162 Oprostite, ali pardoniram
164 Oženi, ožeži!
166 Gospodin inspektor Hari i gospođa Anđa
168 Deda, a šta je to seks?
170 Osmeh se ne naplaćuje
172 Za(branjeno) pušenje
174 Seksualna (r)evolucija
176 Welcome to Hellgrade
178 Pravila su pravila
180 Kod kuće sedim, pijem bensedin
188 Volite li Bramsa
184 Šampionska zvone zvona

Prljavi Inspektor Blaža
Blaža u Beogradu

Izdavač
RAD a.d.
Beograd, Dečanska 12

Za izdavača
Nebojša Nikolić

Tiraž
1000 primeraka

Štampa
LUCKY GRAF, Beograd
ISBN 978-86-09-01049-1

CIP - Каталогизација у публикацији
Народна библиотека Србије, Београд

821.163.41-7

БЛАЖЕВИЋ, Игор, 1962-
 Blaža u Beogradu : vodič kroz Singidunum
/ Prljavi inspektor Blaža. - 1. izd. -
Beograd : Rad, 2012 (Beograd : Lucky graf). -
185 str. : autorova slika ; 21 cm

Prljavi inspektor Blaža je pseudonim Igora
Blaževića. - Tiraž 1.000. - Str. 7-8:
Predgovor ili recenzija? / Dragoljub Ljubičić
Mićko. - O autoru: str. [186].

ISBN 978-86-09-01049-1

COBISS.SR-ID 193920524

Mnogo su nam pomogli:

C⋆NVERSE

B:PM
SATOVI & NAKIT

www.ingramcontent.com/pod-product-compliance
Lightning Source LLC
Chambersburg PA
CBHW071708090426
42738CB00009B/1706